Anselm Grün

Geborgenheit finden – Rituale feiern

W0046261

Das Buch

Rituale im Alltag geben Orientierung. Anselm Grün weiß, wie wichtig sie sind, um sich immer wieder auch im Glauben zu verankern. Für ihn sind sie lebendig und keineswegs bloße exotische Tradition. Er zeigt an vielen Beispielen, dass persönliche, familiäre oder soziale Rituale bewusst gestaltet werden können, um ihre sinnstiftende und heilende Wirkung zu erfahren.

Der Autor

Anselm Grün OSB, Dr. theol., Meditationsleiter. Seine Bücher zur Spiritualität und Lebenskunst haben Millionenauflagen erreichet. In seinem Newsletter „einfach leben" gibt er regelmäßig Impulse: www.einfachlebenbrief.de

Anselm Grün

Geborgenheit finden –
Rituale feiern

Wege zu mehr Lebensfreude

HERDER

FREIBURG · BASEL · WIEN

HERDER spektrum Band 6437

MIX
Papier aus verantwor-
tungsvollen Quellen
FSC® C083411

Titel der Originalausgabe: Geborgenheit finden – Rituale feiern
© 1997, 2002 Verlag Kreuz in der Verlag Herder GmbH
ISBN 3-7831-2120-5

© Verlag Herder GmbH, Freiburg im Breisgau 2013
Alle Rechte vorbehalten
www.herder.de

Umschlagkonzeption: Agentur R·M·E Roland Eschlbeck
Umschlaggestaltung: Verlag Herder
Umschlagmotiv: © Alexstar – Fotolia.com

Herstellung: CPI – Clausen & Bosse, Leck

Printed in Germany

ISBN 978-3-451-06437-1

Inhalt

Einleitung 11

Der Tag eines Mönchs 11
*Tagesablauf nach der Regel des heiligen
Benedikt* *15*

I. Die psychologische Bedeutung der Rituale . . . 23

1. Die Angst bannen – Sigmund Freud 23
Zwangsrituale 26
Massenrituale 29

2. Transformation von Lebensenergie – C. G. Jung 31
Übergangsriten 33
Sinnstiftende Rituale 34
Die heilende Kraft der Rituale 36
Das erneuerte Ritual 38

3. Rituale für das Miteinander – Erik H. Erikson . . 40

4. Spontanrituale – Peter Schellenbaum 43

II. Persönliche Rituale 47

Morgenrituale 47
Disziplin 48
An die Situation anpassen 50
Träumen nachspüren 51

Rituale bei der Arbeit 52

Abendrituale 56
  Das Fernsehen 57
  Am Abend allein 58
  Das Abendgebet 61
  Der Kontrakt mit jungen Menschen 62

Etwas, auf das ich mich täglich freuen kann
Anregungen für persönliche Rituale 64

III. Familienrituale 69

Begrüßungsrituale 69

Beten 71
  Das Tischgebet 72

Das Essen selbst ritualisieren 74

Rituale zum Zu-Bett-Gehen 75

Ein Abschiedsritual 76

Die Kirchenjahresfeste 77

Eine Frage der Atmosphäre
Anregungen für Familienrituale 79
  Geburtstage 81
  Riten für Söhne und Töchter 83
  Ein neuer Ritus für den Pensionär 84
  Das Kirchenjahr in der Familie 84
  Riten der Trauer 86

IV. Gemeinschaft stiftende und ordnende Rituale 89

Unternehmenskultur 89

Schule und Ritual 90

Rituale in Jugendgruppen 92

Phantasie ist gefragt
Anregungen für Gemeinschafts-Rituale 94

V. Neue Rituale 97

Frauengruppen 97
  Schöpfungsspiritualität 97
  Salbungen 99
  Übergangsrituale 101

Therapeutische Rituale 103

VI. Kirchliche Rituale 107

Die Sakramente 107

Riten der Taufe 108
  Das weiße Taufkleid 109
  Das Kreuz auf der Stirn 110
  Anrufung der Heiligen 111
  Salbung mit Katechumenenöl 112
  Absage an das Böse 113
  Übergießen mit Wasser 113
  Salbung mit Chrisamöl 114
  Taufkerze 115

Der Effata-Ritus 116
Vaterunser 117
Segen 117
Katholische Taufe für evangelische Christen . . . 117

Die sieben Sakramente und das Heute Gottes 119

Die Beichte 123
Neues Schuldverständnis 124
Riten der Absolution 125
Unter vier Augen 125

Die Feier der Eucharistie 126
Der Auferstandene ist gegenwärtig 127
Vom Gruß bis zur Gabenbereitung 128
Einung mit Christus 129

Die Firmung 131

Die Priesterweihe 133

Die Trauung 135
Brot und Wein vom Brautpaar 137

Die Krankensalbung 138

Die Beerdigung 138
Der Beerdigungsritus im Kloster 139
Abschiedsfest der Liebe 141
Heilige Zeichen 142

VII. Die Wirkung christlicher Rituale 145
Eine Übersicht 145

  1. Spiel 146

  2. Feier 147

  3. Kreativität 147

  4. Freiheit 148

  5. Identität und Lust am Leben 149

  6. Raum der Stille 150

  7. Ästhetik 150

  8. Ordnung 151

  9. Verbindung 152

10. Heilung 153

11. Sinnstiftung 154

12. Priestertum 155

Anmerkungen 157

Einleitung

Der Tag eines Mönchs

Seit Jahrzehnten lebe ich als Mönch meine Rituale. Und sie machen mir Spaß. Sie geben mir das Gefühl, dass mein Leben wertvoll ist, dass es einen Sinn hat. Sie bringen Ordnung in mein inneres Durcheinander und helfen mir, achtsam und bewusst zu leben. Um dieses Buch zu schreiben, habe ich mich selber und andere beobachtet, was da eigentlich geschieht, wenn wir für uns persönlich oder wenn wir gemeinsam Rituale vollziehen. Die Beschäftigung mit diesem Thema hat mir gezeigt, wie heilsam solche Rituale sein können. Und wenn ich bei Kursen darüber gesprochen habe, habe ich gespürt, wie aufmerksam die Leute zuhören, wie sie danach hungern, konkrete Lebenshilfe zu bekommen. Aber zugleich habe ich in vielen Gesprächen erlebt, wie viele Menschen schon gute Rituale entwickelt haben. Da erzählen die Teilnehmer am Ende eines Kurses, welche Erfahrungen sie mit ihren persönlichen Ritualen gemacht haben. Und ich staune oft, wie erfinderisch Menschen sind, um die Rituale für sich zu finden, die auf ihre persönliche Struktur und auf die Gefährdungen, die in dieser Struktur begründet sind, auf angemessene Weise antworten. Sie entdecken in ihren Ritualen gerade das Heilmittel, das sie für sich brauchen.

Zwei Bedürfnisse habe ich bei den Menschen vor allem festgestellt: einmal das Bedürfnis, gute Wege zu finden, wie sie mit ihren Ängsten und Depressionen, mit ihrem Ärger und mit ihrer Eifersucht, also mit ihren täglichen Problemen gut umgehen können und wie sie aus dem Glauben heraus eine Hilfe finden, mit ihren Gefühlen und Leidenschaften und mit den Verunsicherungen, die aus dem Unbewussten auftauchen, zurechtzukommen. Hier geht es vor allem darum, die eigene Lebensgeschichte anzuschauen, sich mit ihr auszusöhnen und dann nach Wegen zu suchen, besser mit der persönlichen Veranlagung, mit den Chancen und Gefährdungen der eigenen Psyche umzugehen.

Das andere Bedürfnis besteht darin, Wege zu finden, sein Leben sinnvoll zu leben. Die Rituale sind ein konkreter Weg zu einem sinnvollen und gesunden Leben. Allerdings sind sie kein Trick, mit dem wir alle Probleme lösen könnten. Und sie sind kein Rezept, das nun jeder für sich und seine persönliche Situation anwenden könnte. Ich habe versucht, in diesem Buch einige Anregungen zu geben, wie bestimmte Rituale uns helfen könnten, unser eigenes Leben zu leben und Lust am Leben zu bekommen, wie sie unser Leben für Gott öffnen und Gottes heilenden und befreienden Geist in unsern Alltag eindringen lassen. Nicht die Rituale sind es letztlich, die unser Leben heilen, sondern Gott selbst, dem die Rituale die Möglichkeit bieten, in unser Leben einzubrechen, es zu gestalten, zu heilen und zu verwandeln.

In letzter Zeit hat die Psychologie die heilende Wirkung der Rituale neu entdeckt. Damit sind nicht nur die Übergangsrituale gemeint, die etwa den Übergang der Geburt und des Todes, des Erwachsenwerdens, der Heirat und der Lebensmitte unterstützend begleiten, sondern auch die vielen persönlichen Rituale, die der einzelne findet, um sein Leben zu strukturieren und ihm eine Form zu geben, die ihm guttut. Eine heilende Wirkung können auch die kirchlichen Riten haben, wie sie im Laufe eines Kirchenjahres innerhalb und außerhalb der Liturgie begangen werden. Aber oft sind sie leider erstarrt und entleert, so dass sie überhaupt keine Wirkung mehr zeigen. Viele beklagen sich, dass da nur leere Rituale abgespult werden, die nichts mehr mit ihrem Leben zu tun haben. Die Beschäftigung mit der psychologischen Bedeutung der Rituale hat mich herausgefordert, meine eigenen persönlichen Rituale neu zu überdenken und unsere gemeinsamen liturgischen Rituale auf ihre heilende Wirkung hin anzuschauen, sie mit neuer Phantasie und neuem Vertrauen zu praktizieren.

Als Benediktinermönch habe ich seit über 32 Jahren meine persönlichen Erfahrungen mit den gemeinsamen Ordensritualen und mit meinen eigenen Ritualen gemacht, zum Beispiel, wie ich für mich den Tag beginne und beschließe. Der heilige Benedikt hat vor 1500 Jahren das Leben seiner Mönche gründlich durchstrukturiert. Ihm ging es dabei nicht um kleinliche Regeln, die sie befolgen sollten, sondern um die Frage, wie seine Mönche konkret das Evangelium leben könnten. Für ihn gab es kein geistliches Leben ohne gesunde Struktur des Tages und ohne heilende Rituale. Heute sind wir in der

Gefahr, dass unsere Spiritualität nur im Kopf bleibt. Wir machen uns zwar gute und fromme Gedanken, haben aber nicht die Kraft, unser Leben zu formen. Benedikts Spiritualität ist eine »geerdete Spiritualität«, eine sehr konkrete Spiritualität, die sich in einer gesunden Lebensordnung ausdrückt. Mit seiner Regel wollte er zeigen, wie sich das Leben nach dem Evangelium konkret in einer gesunden Tagesordnung, in einer klaren Struktur des Betens und des Arbeitens, in einer ausgewogenen Aufteilung in Zeiten der Stille und des Redens, der Einsamkeit und der Gemeinschaft, der Aktion und Kontemplation und in guten Umgangsformen der Mönche untereinander ausdrücken kann. Das Evangelium will sich immer wieder konkret in das Leben des Einzelnen hinein übersetzen. Das – so war Benedikt überzeugt – schafft eine gesunde Lebenskultur, die nicht nur denen gut tut, die sie befolgen, sondern die auch die Welt um sich herum positiv beeinflusst.

Ich erlebe heute immer wieder Menschen, die schwärmerisch vorgeben, sie würden nur Jesus lieben. Aber davon ist in ihrem Leben nicht viel zu sehen. Ihr Leben ist chaotisch, ohne Kultur. Häufig gehen sie den andern ständig auf die Nerven, weil sie mit der Betonung ihrer Jesusliebe nur sich selbst in den Mittelpunkt stellen und ihre außergewöhnliche Frömmigkeit. Eine Frömmigkeit, die das Leben nicht formt, ist für den heiligen Benedikt wertlos. Echte Spiritualität hat zu allen Zeiten auch eine Lebenskultur geschaffen, die nach außen hin sichtbar wurde und für andere Menschen heilend war. Spiritualität war immer auch »Kunst des gesunden Lebens«. Die Kunst des gesunden Lebens umfasst alle Bereiche des

Lebens: das Wohnen, das Essen und Trinken, die Arbeit, die Gemeinschaft, den Umgang mit der Schöpfung, die Kultur des Miteinanders, die Gottesdienste, die Struktur der Gesellschaft. Ein wichtiger Aspekt dieser Kunst des gesunden Lebens sind auch die heilenden Rituale. In ihnen »inkarniert« sich unsere Spiritualität, nimmt sie konkret Fleisch und Blut an und verwandelt unser Leben.

Tagesablauf nach der Regel des heiligen Benedikt

Um zu zeigen, wie so eine gesunde Lebenskultur aus dem Evangelium aussehen könnte, möchte ich meinen Tageslauf mit den persönlichen und gemeinsamen Ritualen, die ich als Benediktinermönch seit 32 Jahren lebe, beschreiben – nicht, um mich als Vorbild hinzustellen, sondern um dem Leser Anregungen für sein eigenes Leben zu geben.

Um 4.40 Uhr läutet bei uns die Hausglocke. Ich mache sofort das Licht an und höre in mich hinein, ob da noch ein Traum präsent ist oder welches Gefühl die Träume dieser Nacht in mir hinterlassen. Wenn mich der Traum näher interessiert, schreibe ich ihn gleich auf. Dann stehe ich auf mit dem Gebet: »Ich stehe heute in deinem Dienst. Segne du diesen Tag!« Ich wasche mich und ziehe mich an und gehe dann bewusst in den halbdunklen Kreuzgang, wo ich mich von Gottes Gegenwart eingehüllt fühle.

Es ist jedesmal ein geheimer Schauer, so früh am Morgen durch den Kreuzgang zum Gebet zu gehen, das dann um 5.05 Uhr beginnt. Wenn ich die Kirche betrete, nehme ich bewusst Weihwasser und bekreuzige mich in

Erinnerung an meine Taufe, in der ich Christus übereignet wurde, und als Zeichen, dass all mein Tun heute aus der Quelle seiner Gnade und seiner Liebe und nicht aus eigener Kraft strömt.

Das erste Wort des Tages ist das dreimalige Gebet: »Herr, öffne meine Lippen, damit mein Mund dein Lob verkünde.« Dabei zeichne ich mit dem Daumen das Kreuz auf meine Lippen, um auszudrücken, dass alle Worte, die ich heute sagen werde, letztlich Gott verherrlichen sollen. Die Vigil (Stundengebet zur Nachtwache) und die Laudes (Morgenlob), die wir gemeinsam rezitieren, bestehen vor allem aus Psalmen. In ihnen fühle ich mich verbunden mit den Menschen, die mir von ihrer Not erzählt und mich um Fürbitte gebeten haben, aber auch mit allen, von denen die Psalmen in ihren archetypischen Bildern erzählen. Es ist nicht mein Privatvergnügen, so früh schon zu beten. Ich tue es stellvertretend für die Menschen, die nicht mehr beten können, die stumm geworden sind in ihrer Verzweiflung. Und ich bete die Psalmen gemeinsam mit Christus, um einzutauchen in seine Liebe zum Vater und um die Welt bewusst von Christus her zu meditieren. Natürlich bin ich manchmal noch recht müde dabei. Aber wenn wir nach jedem Psalm aufstehen und uns zum »Ehre sei dem Vater« tief verbeugen, dann sammelt sich in dieser Gebärde die Sehnsucht, mit meiner ganzen Existenz in Gott einzutauchen, Gott zu verherrlichen und ihm zu dienen.

Nach der Laudes gehe ich um 5.45 Uhr in meine Zelle, zünde vor einer Christusikone eine Kerze an und meditiere 25 Minuten davor mit dem Jesusgebet »Herr Jesus Christus, Sohn Gottes, erbarme dich meiner«, das ich mit dem Atemrhythmus verbinde. Es ist für mich eine heilige Zeit, in der ich spüre: Da hat jetzt niemand Zutritt. Die Leute, die heute zu mir kommen und etwas von mir wollen, erreichen mich hier nicht. Hier bin ich ganz frei. Hier bin ich allein mit meinem Gott. Natürlich ist die Meditation oft auch zerstreut und unruhig. Aber immer wieder erahne ich auch diesen inneren Raum der Stille in mir, in dem Gott selbst in mir wohnt mit seiner Liebe und Barmherzigkeit, in dem ich in Einklang bin mit mir selbst. Das gibt mir das Gefühl von Heimat und Geborgenheit und von Stimmigkeit: Es ist gut, dass du hier bist, dass du Mönch bist. Es ist alles gut.

Wenn die Hausglocke um 6.10 Uhr läutet, gehe ich langsam in die Sakristei, um mich für die Eucharistiefeier mit Albe und Stola zu bekleiden. Alles geschieht in Stille. Und bis zum gemeinsamen Einzug stehen wir noch einige Augenblicke schweigend da. Solche Augenblicke sind für mich wichtig. Sie zeigen mir, dass mein Leben ein Geheimnis ist und ich im Gebet und in der Eucharistie immer wieder eintauchen darf in das Geheimnis des »Tremendum et Fascinosum«, in das Geheimnis des Gottes, der voller Schauder ist und zugleich faszinierend.

Nach der Eucharistiefeier, die etwa um 7.00 Uhr endet, gehe ich schweigend zum Frühstück und dann etwa um 7.10 Uhr in meine Zelle, um eine Dreiviertelstunde zu lesen. Auf diese Zeit freue ich mich jeden Tag. Es ist für mich wichtig, dass ich mir gute Bücher aussuche, die ich immer erst zu Ende lese, bevor ich das nächste anfange. Am Dienstag und Donnerstag habe ich Abendmesse. Da ist der Morgen nach der Vigil frei. In dieser Zeit von 6.00

bis 8.00 Uhr schreibe ich dann jeweils kleinere Artikel oder Bücher.

Um 8.00 Uhr gehe ich in die Verwaltung. Dort erwartet mich eine ganz andere, eine weltliche Tätigkeit. Da muss ich organisieren, mit Mitarbeitern sprechen, mit Banken und Behörden verhandeln, Bausitzungen leiten und so weiter. Natürlich sind die Morgenrituale keine Garantie dafür, dass ich bei der Arbeit nicht doch manchmal in Hektik gerate. Aber normalerweise wirkt der ruhige Morgen nach. Wenn ich in Berührung bin mit dem inneren Raum der Stille, dann laugt mich die Arbeit nicht aus. Sie macht mir vielmehr Spaß und ich habe den Eindruck, dass sie aus der inneren Quelle fließt, die in mir sprudelt. Wenn ich mich in die Unruhe treiben lasse, ist es für mich immer ein Zeichen, dass ich die Verbindung mit diesem inneren Raum verloren habe.

Um 12.00 Uhr unterbricht das Mittagsgebet die Arbeit. Die zwanzig Minuten gemeinsamen Betens tauchen mich wieder in die Welt Gottes ein und zeigen mir, was die wahren Maßstäbe für mein Leben und Arbeiten sind.

Dann ist gemeinsames Mittagessen, das schweigend eingenommen wird. Dabei wird zu Beginn aus der Heiligen Schrift und dann aus einem Buch vorgelesen, das der Prior jeweils ausgewählt hat. Das ist auch eine gute Zeit, von der Unruhe des Vormittags abzuschalten. Dann lege ich mich eine halbe Stunde hin und döse vor mich hin oder schlafe mit dem Jesusgebet ein.

Um 13.20 Uhr läutet die Hausglocke wieder zur Arbeit. Nach einer Tasse Kaffee beginne ich wieder, entweder in der Verwaltung oder im Recollectiohaus, in dem ich die Gäste im geistlichen Gespräch begleite.

Um 18.00 Uhr ziehen wir gemeinsam zur Vesper ein, zum Abendlob der Kirche, das wir unter Orgelbegleitung singen. Da habe ich immer das Gefühl von Freiraum. Während viele stöhnen, wie viel sie arbeiten müssen, gönne ich es mir, die Psalmen zu singen und mich vom Gesang zu Gott hintragen zu lassen. Nach der Vesper bleiben noch knappe zehn Minuten, in denen ich schweigend im Kreuzgang herumgehe und meditiere.

Um 18.40 Uhr ist dann das Abendessen, wieder mit Tischlesung. Danach treffen wir uns zur sogenannten Rekreation, zur Erholung. Im Sommer gehen wir eine halbe Stunde lang im Park spazieren. Im Winter setzen wir uns zum lockeren Gespräch zusammen.

Um 19.35 Uhr singen wir dann die Komplet, das kirchliche Nachtgebet, das mit dem »Salve Regina«, dem lateinischen Marienlob schliesst.

Dann ist der Tag noch lange nicht zu Ende. Meistens habe ich noch ein oder zwei Gespräche mit Gästen, die ich in Einzelexerzitien begleite. Einzelexerzitien sind stille Tage, in denen jemand sich täglich einem Schrifttext stellt und ihn meditiert und dann in einem kurzen Gespräch davon erzählt, was Gott heute in ihm bewegt hat. Am Mittwoch ist meistens gemeinsamer Abend im Konvent oder in kleinen Gruppen. Manchmal halte ich auch einen Vortrag im Gästehaus oder außerhalb. Wenn nicht, dann freue ich mich, dass ich in meiner Zelle noch etwas lesen oder schreiben kann.

Kurz vor 22.00 Uhr gehe ich ins Bett. In einer kurzen Gebetsgebärde übergebe ich Gott nochmals den Tag. Im Bett lese ich dann noch ein Kapitel aus der Heiligen Schrift. Dann mache ich das Licht aus und bete noch ein paar Teile vom Rosenkranz für die Menschen, die sich mir heute anvertraut haben oder deren Not mich gerade bewegt. Darüber schlafe ich dann ein.

Vielleicht klingt dieser Tageslauf für manchen zu romantisch. Kaum ein Leser wird ihn so für sich kopieren können. Es ist eben der Tageslauf eines Mönches. Aber ich spüre, dass mir diese konkrete Form des Lebens mit den gemeinsamen und persönlichen Ritualen gut tut. Ich habe das Gefühl, dass es mein Leben ist und dieses Leben wertvoll ist, dass ich Lust an diesem Leben habe. Natürlich wird diese klare Tagesordnung immer wieder gestört, etwa wenn ich einen Kurs halte oder auswärts einen Vortrag. Dann komme ich erst nachts wieder heim. Die nächtliche Autofahrt ist dann für mich eine gute Gelegenheit, Rückschau zu halten und nachzuspüren, was die Menschen heute eigentlich bewegt und wie ich Worte finden könnte, die ihre Sehnsucht treffen. Wenn ich vor Mitternacht heimkomme, beginnt der neue Tag wie immer um 4.40 Uhr. Nur wenn ich nach Mitternacht heimkomme, stehe ich erst um 5.45 Uhr zur Eucharistiefeier auf. Ich weiß, dass es mir gut tut, mich auch durch solche Ausnahmen nicht allzusehr in meiner Tagesordnung stören zu lassen.

Manchmal habe ich mich schon gefragt, ob meine persönlichen Rituale einfach nur Gewohnheiten sind, die mich »betriebsblind« machen, oder ob sie ein guter Weg für mich sind, als Mönch im Geiste Jesu Christi zu leben. Die Beschäftigung mit der Psychologie hat mir die Gewissheit gegeben, dass ich mit meinen Ritualen nicht falsch liege. Rituale können eine heilende und belebende Wirkung haben, und sie geben mir das Gefühl der Sinnhaftigkeit meines Lebens. Das hat mir die Beschäftigung mit C.G. Jung gezeigt. Allerdings weiß ich auch, dass meine Rituale keine Garantie sind, dass ich wirklich geistlich, das heißt im Geiste Jesu Christi lebe. Sie sind kein Verdienst, sondern der Versuch, mich immer wieder Gott auszusetzen, damit sein Geist mich verwandeln möge. Ich kann sie nicht als Leistung vorweisen. Sie sind vielmehr nur der äußere Rahmen, in dem die Entscheidung für Gott immer wieder neu vollzogen werden muss. Die Auseinandersetzung mit der Psychologie hat mir auch die Augen dafür geöffnet, wo Rituale krankmachend wirken können, wo sie die zwanghafte Struktur eines Menschen verstärken oder wo sie als Massenrituale missbraucht werden können, um Menschen zu manipulieren und sie in eine Massenhysterie zu führen. So möchte ich nun vier wichtige Psychologen befragen, was sie über die heilende oder krankmachende Wirkung der Rituale zu sagen haben.

I. Die psychologische Bedeutung der Rituale

1. Die Angst bannen – Sigmund Freud

Sigmund Freud vergleicht die religiösen Rituale zunächst mit den Zwangshandlungen von neurotisch kranken Menschen. Als Kind hat er beobachtet, wie seine Kinderfrau, die mit ihm öfter in die katholische Kirche in Freiberg ging, die Knie beugte, Weihwasser verspritzte, sich bekreuzigte und unverständliche Gebete murmelte. Er spürte, dass religiöse »Zeremonielle«, wie er die Riten nennt, eine ähnliche Funktion haben wie die Zwangshandlungen bei den Neurotikern. Sie bannen auf der einen Seite die Angst, die die Menschen umtreibt, zum andern drücken sie einen Verzicht auf die Betätigung der Triebe aus.[1] Grundlage für die Bildung von religiösen Ritualen ist für Freud die Erfahrung der eigenen Hilflosigkeit. Anfangs meinte er wohl, dass es eine infantile Hilflosigkeit sei, die zur Bildung der Religion führe und die deshalb allmählich durch den menschlichen Reifungsprozess überwunden werden müsse.

In späteren Schriften spricht Freud von einer grundsätzlichen Hilflosigkeit des Menschen. Da sieht er in den religiösen Ritualen einen guten Weg, die durch die Hilflosigkeit gegenüber unbewussten Mächten entstehende Angst psychisch zu bearbeiten. »Man ist vielleicht noch wehrlos, aber nicht mehr hilflos gelähmt, man kann zum mindesten reagieren, ja vielleicht ist man nicht einmal wehrlos, man kann gegen diese gewalttätigen Übermenschen draußen dieselben Mittel in Anwendung bringen, deren man sich in seiner Gesellschaft bedient, kann versuchen, sie zu beschwören, beschwichtigen, bestechen, raubt ihnen durch solche Beeinflussung einen Teil ihrer Macht.«[2] Freud lobt die Wohltat der Ordnung, die durch die persönlichen Rituale entsteht: »Die Wohltat der Ordnung ist ganz unleugbar, sie ermöglicht dem Menschen die beste Ausnützung von Raum und Zeit, während sie seine psychischen Kräfte schont.«[3]

Dass Rituale die diffusen Ängste bannen können, die den Menschen in Beschlag nehmen, zeigen Kinder, die über ein Pflaster hüpfen. Meistens denken sie sich einen bestimmten Ritus aus, dass sie zum Beispiel nur jeden dritten Pflasterstein berühren. Sie versprechen sich davon, dass ihnen dann nichts passieren wird, dass sie zum Beispiel keinen Unfall haben werden. Spitzensportler haben vor einem Leistungswettbewerb oft die gleichen Rituale. Sie essen genau die gleichen Speisen, sie duschen sich und ziehen die gleichen Kleider an. Sie machen vor dem Wettkampf immer die gleichen Verrenkungen. Das fördert offensichtlich ihre Energie und nimmt ihnen die Angst oder die oft unerträgliche Spannung. Natürlich wissen sie, dass davon der Sieg nicht abhängt. Aber offenbar helfen ihnen diese Rituale, die Angst zu überwinden, die sie vor einem Wettkampf überfällt. Schüler und Studenten haben ihre eigenen Rituale entwickelt, um die Angst vor einer Prüfung zurückzudrängen. Die einen lesen morgens nochmals einen Teil des Stoffes durch. Die andern sprechen ein Gebet. Wieder andere nehmen immer den gleichen Kugelschreiber. Wenn wir die Gewohnheiten von Schülern und Studenten gerade vor schwierigen Prüfungen beobachten, so entdecken wir mehr Rituale, als wir denken. Gerade sich aufgeklärt gebende Studenten unterziehen sich doch den immer gleichen Ritualen, um sich mitten in der Unsicherheit an etwas festhalten zu können.

Da heute viele Menschen von diffusen Ängsten gequält werden, haben die angstbannenden Rituale eine wichtige Bedeutung. Wenn einer formlos dahinlebt, dann schleichen sich viele Ängste ein. Es ist die Angst, ob mein Leben gelingt, die Angst, zu versagen, die Angst, vom Leben bestraft zu werden. Auch wenn die angstbannende Wirkung der Rituale manchmal auf magischen Vorstellungen beruht, kann sie doch beruhigen. Das spüren wir bei Kindern, die immer die gleichen Zu-Bett-geh-Rituale brauchen, um die Angst vor dem Unheimlichen und Unbekannten der Nacht zu bannen. Kinder wollen immer das gleiche Märchen hören. Sie haben ein Gespür dafür, dass das immer Gleiche die Angst vor der Vielfalt des Lebens vertreibt. Meine kleine Nichte musste schon mit drei Monaten wegen einer Virusinfektion ins Krankenhaus. Seither hat sie Angst vor dem Einschlafen. Ich fragte sie einmal, was ihr da Angst mache. Sie meinte, sie träume von Schlangen. Es ist verständlich, dass sie da ein Gegenmittel gegen die Angst braucht. Für sie ist es das immer gleiche Einschlafritual: Die Mutter muss sich neben sie legen, bis sie eingeschlafen ist. Dann fühlt sie sich geborgen, und die Angst vor dem Bedrohlichen der

Nacht schwindet. Andere Kinder brauchen eine Nachtgeschichte oder das Gebet der Mutter oder des Vaters, um einschlafen zu können. Wir sollten diese Ängste ernst nehmen. Gut wäre das Ritual, dem Kind beim Gebet die Hand auf den Kopf zu legen. Da kann es körperlich spüren, dass das Gebet einen Schutzraum eröffnet, in dem es sich sicher und geborgen fühlt, und dass es im Schlaf von Gottes liebender Hand geschützt bleibt.

Zwangsrituale

In unserer pluralistischen Gesellschaft wird die Angst vor dem Vielen immer stärker. Die einen tendieren dann zum Fundamentalismus, um die Angst zu vertreiben. Oder sie lassen sich von Sekten anziehen, die ganz klare Regeln und Normen haben und deren Rituale darum zu Zwangsritualen verkommen. Aber damit schaden sie sich selbst und den andern. Riten sind ein besserer Weg, sich von der Angst zu befreien. Denn sie geben mitten im Chaos Ordnung. Sie geben in der Vielfältigkeit und Beliebigkeit des Lebens einen festen Halt, ohne innerlich eng und fanatisch zu machen. Natürlich gibt es auch da Fehlformen von zwanghaften Ritualen. Wenn bei einem der Tag wie ein Uhrwerk abläuft, dann erstarrt ein Mensch in seinen Ritualen. Von dem deutschen Philosophen Immanuel Kant wird berichtet, dass man die Uhr danach stellen konnte, wann er nach dem Mittagessen seinen Spaziergang machte und an der oder jener Straßenkreuzung vorbeikam. Bei zwanghaften Menschen können Rituale gefährlich werden. Sie zwängen sich dann in ein Korsett, und es bleibt kein Freiraum mehr für das Leben. Oder sie machen eine Leistung daraus, die sie sich selbst oder Gott oder sonst jemand vorweisen müssen. Dann geht von den Ritualen keine heilende Wirkung mehr aus, sondern eher eine krankmachende. Solche Menschen schrauben dann aus Angst vor Gott die Zahl ihrer Rituale immer höher. Die Rituale werden für sie ein Weg, ihr ganzes Leben zu kontrollieren und nichts mehr dem Zufall zu überlassen. Das verkrampft einen immer mehr. Es löst die Angst nicht, sondern verstärkt sie nur. Man traut dem Leben nicht mehr. Alles muss in Formen gepresst, alles muss ritualisiert werden. Solche Menschen sind von der ständigen Angst bestimmt, dass Gott sie bestrafen könne, weil sie irgendetwas denken oder tun könnten, was Gott nicht gefällt.

Diese krankmachende Wirkung der Rituale können wir an den Zwangsritualen beobachten, von denen Freud berichtet. Da ist ein junger Mann, der immer zu spät kommt, weil er das Gefühl hat, es sei irgendetwas bei ihm nicht in Ordnung. So muss er nochmals die Hände waschen, nochmals die Bügelfalte kontrollieren, nochmals nachsehen, ob die Türe abgeschlossen ist, bis er endlich aus dem Haus kommt. Mit seinen Zwangshandlungen bringt er seine Mutter zur Verzweiflung. Offensichtlich möchte er sie, die sein ganzes Leben kontrolliert, mit seinen Kontrollzwängen bestrafen. Aber zugleich sind sie auch Ausdruck der Angst vor der Sexualität. Mit seiner Freundin hat er immer wieder sexuellen Kontakt, fürchtet aber zugleich, ihre Briefe könnten vergiftet sein. Statt sich mit seinen eigenen Moralvorstellungen offen auseinanderzusetzen, flüchtet er in Zwangsrituale und verbietet sich damit letztlich die sexuelle Beziehung zu seiner Freundin.[4] Bei Waschzwängen darf man oft beide Impulse vermuten: einmal den Impuls der Selbstbestrafung oder der Bestrafung eines andern, gegen den man seine Aggressionen nicht offen ausleben kann; zum andern das Sich-rein-Waschen von der als schmutzig erachteten Sexualität. Manchmal stellt sich ein Waschzwang nach einer Vergewaltigung ein. Statt sie aufzuarbeiten, flüchtet man in ein Zwangsritual. Eine junge Frau erzählte mir von ihrer Mutter, die sich auf keinen Polsterstuhl setzen konnte. Das löste bei ihr panische Angst aus und den Zwang, sich sofort die Hände waschen zu müssen. Solche Zwangsrituale sind pervertierte Rituale. Sie führen nicht zum Leben, sondern hindern uns daran. Sie werden zum leidvollen Ersatz für das Leben.

Zwangsrituale können sein:
– der Kontrollzwang: Immer wieder muss man seine Rechnungen und Bankauszüge kontrollieren, die Türe kontrollieren, ob sie wirklich verschlossen ist;
– der Grübelzwang, in dem man sich in Grübeleien verliert, um den eigentlichen Triebimpulsen, den Aggressionen oder den sexuellen Phantasien aus dem Weg zu gehen;
– die Zweifelsucht, mit der man seine Umgebung plagen kann;
– der Waschzwang, der einen antreibt, übertrieben oft die Hände zu waschen, vor allem dann, wenn man eine Türklinke berührt hat oder einen Gegenstand, der irgendwelche Ängste auslöst;

– der Wiederholungszwang, in dem man immer das Gleiche tun muss. Ein junger Mann erzählte mir, dass er immer wieder in eine bestimmte Ortschaft zurückfahren musste, um nur von ihr her in seinen Heimatort zu kommen.

In solchen Zwangsritualen sind oft zugleich sadistische wie masochistische Momente enthalten. Man quält seine Umgebung und bringt sie mit seinen Zwängen zur Weißglut und man bestraft sich selbst und macht sich das Leben unerträglich.

Massenrituale

Es gibt nicht nur Zwangsrituale des Einzelnen, sondern auch Massenrituale, die den Einzelnen in seiner Freiheit beschneiden und ihn in etwas hineintreiben, das er freiwillig nie tun würde. In unserer Gesellschaft kennen wir den Konsumzwang, den die Werbung uns unbewusst eintrichtert. Der Konsumzwang äußert sich in ganz bestimmten Kaufritualen, wo und wie und wann man bestimmte Dinge zu kaufen hat. Totalitäre Staaten üben einen politischen Zwang aus. Und sie haben dafür kein geeigneteres Mittel gefunden als Massenrituale. Das Dritte Reich hat die Methode der Massenrituale bestens beherrscht. Da wurden Massenparaden organisiert, die das Volk in eine Euphorie hineintrieben. Hitler setzte auch körperliche Gesten ein, um das Volk besser beeinflussen zu können. Er selbst stand immer breitbeinig da und erhob nur lässig die Hand. Alle andern aber mussten ihre rechte Hand hochstrecken und »Heil Hitler« grüßen. Mit dieser Gebärde mussten sie die eigene Mitte verlassen. Sie wurden manipulierbar.

Militärs haben von jeher Massenrituale benutzt. Der Offizier stellt sich immer breitbeinig vor seine Soldaten, die sich in so enger Fußhaltung aufstellen müssen, dass sie keinen eigenen Stand mehr haben und nur noch reine Befehlsempfänger sind.

Heute finden wir solche Massenrituale in den großen Fußballstadien. War es früher noch ein Vergnügen, beim Spiel zweier Mannschaften zuzusehen, so sind heute die Spieltage der Bundesliga zu Massenkampftagen geworden, an denen angestaute Aggressionen ausgelebt werden. Da begegnet man nicht mehr einzelnen Menschen, sondern »Fans«, die sich immer als Gruppe zeigen, die Trikots ihrer Helden tragen und mit denen man nicht mehr vernünftig reden kann. Wie gefährlich solche Massenrituale geworden sind, zeigen die häufigen Ausschreitungen vor und nach großen Fußballspielen.

Massenrituale sind offensichtlich ein Bedürfnis des Menschen. Aber sie sind auch höchst gefährlich. Denn sie bringen unbewusste Tendenzen ans Tageslicht, die oft nicht mehr zu kontrollieren sind. Es können zwar durchaus auch positive Tendenzen sein, etwa wenn alle in einer Euphorie schwelgen und am liebsten jeden umarmen möchten. Aber sobald das Unbewusste durch solche Massenrituale geweckt wird, kann es sich auch verselbständigen und eine Massenhysterie oder Massenpsychose auslösen. Das gilt nicht nur von den Massenritualen bei sportlichen Wettkämpfen, sondern auch bei großen kirchlichen Veranstaltungen wie den Kirchen- oder Katholikentagen. Auch da kann die Euphorie sehr schnell umschlagen in die Erfahrung von Einsamkeit und Verlassenheit.

Heilend können Rituale nur wirken, wenn sie bewusst vollzogen werden, wenn sie nicht aus unbewusster Angstabwehr gepflegt und nicht zum Zwang und zur Leistung werden und wenn die Freiheit des Einzelnen geachtet wird. Daher müssen wir immer wieder auch kritisch fragen, wo sie in Gefahr sind, zu Zwangsritualen zu werden. Und bei unseren kirchlichen Ritualen müssen wir besonders darauf achten, dass sie nicht zu bloßen Massenritualen werden, die die Menschen manipulieren, anstatt sie zu heilen.

2. Transformation von Lebensenergie – C.G. Jung

Ausführlicher als Freud hat sich C.G. Jung mit der heilenden Wirkung der Rituale befasst. Für ihn haben die Rituale eine dreifache Bedeutung: Sie transformieren die Libido, die Lebensenergie, in geistige Energie, sie stiften Sinn, und sie haben als Teil der Religion eine heilende Wirkung auf die Seele des Menschen. Im Vergleich zu Freud sieht Jung die Religionen wesentlich positiver. Für ihn ist die Religion »ein psychotherapeutisches System«[5]. Sie hat die gleiche Aufgabe wie die Therapie. Sie will das Leiden des menschlichen Geistes und der menschlichen Psyche heilen. Dabei helfen ihr vor allem die Symbole, mit denen sie arbeitet, und die Rituale, die in jeder Religion ein wesentlicher Bestandteil des spirituellen Lebens sind.

Die Rituale leiten für Jung die Triebenergie um in eine geistige Energie oder in den Antrieb zu Arbeit und Leistung. Rituale nehmen dem Menschen die Angst vor dem, was er für sich als notwendig erachtet. Der Mensch hat zum Beispiel Angst vor der Jagd. Auf der andern Seite ist die Jagd aber lebensnotwendig. Um die Angst vor der gefährlichen Jagd zu überwinden, veranstaltet er einen Ritus. Der Ritus aktiviert die Kräfte, die im Menschen stecken, und leitet sie auf die angestrebte Tätigkeit hin um. So erzählt Jung von der Frühlingszeremonie der Watschandis, die ein Loch in die Erde graben und es umtanzen. Sie leiten dadurch die sexuelle Energie in Arbeitsenergie um. »Die oft enorme Umständlichkeit solcher Zeremonien zeigt, wessen es bedarf, um die Libido aus ihrem natürlichen Strombett, nämlich der alltäglichen Gewohnheit, abzuleiten und einer ungewohnten Tätigkeit zuzuführen.«[6]

Wir glauben oft, wir könnten alles mit unserem bloßen Willen erreichen. Wir bräuchten keine komplizierten Riten. Aber immer wenn wir vor schwierigen Unternehmungen stehen, merken wir, dass die Willenskraft allein doch nicht ausreicht. Dann greifen wir doch zurück auf irgendwelche Rituale: »Dann legen wir mit dem Segen der Kirche einen feierlichen Grundstein, wir ›taufen‹ das vom Stapel laufende Schiff... So braucht es nur etwas unsichere Konditionen, um die ›magischen Umständlichkeiten‹ wieder auf ganz natürliche Weise zu belegen. Durch die Zeremonie werden nämlich tiefere emotionale Kräfte ausgelöst.«[7]

Die Riten als Umwandler der Lebensenergie haben vor allem in den Lebensübergängen eine wichtige Funktion. Sie helfen zum Beispiel dem jungen Menschen, sich von der Bindung an die Eltern zu lösen. Die Bindung an die Eltern ist – so meint Jung – meistens so stark, dass sie durch einen bloßen Willensentschluss nicht aufgehoben werden kann. Dazu bedarf es der Initiationsriten, wie sie sich in allen Religionen finden. Die Initiationsriten bewirken auf der einen Seite eine Loslösung von den Eltern, auf der andern Seite helfen sie den jungen Menschen, erwachsen zu werden und nach vorne zu schauen auf die Aufgaben, die das Leben ihnen stellt.

Jung beobachtete, dass seine Patienten im Prozess ihrer Selbstwerdung instinktiv ähnliche Riten entwickeln, wie sie die Religionen praktizieren, um sich mehr und mehr von der Kraft der Elternbilder befreien zu können. Die Riten sind nicht willkürliche Erfindungen, sie verdanken »ihren Ursprung vielmehr der Existenz einflussreicher unbewusster Mächte, ... welche man nicht ohne Störung des seelischen Gleichgewichtes vernachlässigen darf«[8]. .Sie entsprechen der Natur der menschlichen Psyche, die sich mehr und mehr von der Mutter- und Vaterbindung lösen muss. Nur so lernen wir, uns als Glied der Menschheitsfamilie zu fühlen und uns von Gott her zu definieren und nicht allein von unseren Eltern und unserer Lebensgeschichte her. Die Riten wecken im Menschen schöpferische Kräfte und tragen zur Kultivierung seines Lebens bei.

Die Riten haben nach Jung aber nicht nur die Aufgabe der »Energietransformation«[9], sondern sie stiften auch Sinn. So könnten die Riten für Jung gerade heute in einer Zeit der Sinnlosigkeit eine heilende Wirkung ausüben. In einem Seminarvortrag am 5. April 1939 in London erinnerte er an die häuslichen Riten, die er auf einer Indienreise überall hatte beobachten können. Und er beklagt, dass wir Europäer in unsern Häusern keine Winkel (mehr) haben, in denen wir vergleichbare Riten vollziehen, wo wir unsere Andachten verrichten oder meditieren. Für ihn sind solche persönlichen Riten notwendig, damit wir den Wert unseres Lebens erfahren und dass wir mehr sind als bloße Pflichterfüller und Leistungsträger, dass unser Leben aus mehr besteht als nur zu arbeiten und zu essen, uns zu vergnügen und für den nächsten Tag zu sorgen. »Da die Leute nichts dergleichen besitzen, können sie nie aus dieser Tretmühle herauskommen, aus diesem schrecklichen, zermürbenden, banalen Leben, wo sie ›nichts als‹ sind. Im Ritual sind sie der Gottheit nahe; sie sind sogar göttlich.«[10] Und er meint, die Leute würden an der Banalität ihres Lebens krank. Die Sinnlosigkeit erzeuge Neurosen. Weil das Leben ohne Sinn und ohne Wert ist, braucht man äußere Sensationen, um sich überhaupt am Leben zu fühlen: »Alles ist banal, alles ist ›nichts als‹; und aus diesem Grunde sind die Leute neurotisch. Sie haben das Ganze einfach satt, die Banalität des Lebens, und deshalb wollen sie Sensationen. Sie wollen sogar einen Krieg; sie wollen alle einen Krieg. Sie freuen sich alle, wenn es Krieg gibt: sie sagen: ›Gott sei

Dank, endlich passiert etwas – etwas, das größer ist als wir!«"

Was Jung 1939 sagte, hat heute genauso Gültigkeit. Ohne Rituale wird das Leben leer und sinnlos. Alles ist nur noch banal. Es gibt nur noch Arbeit und Vergnügen, aber keinen tieferen Sinn. Rituale zeigen, dass unser Leben sinnvoll ist, ja dass es einen göttlichen Wert hat. Der Mensch braucht, um gesund zu bleiben, etwas, das größer ist als er selbst. Das kommt in den Ritualen zum Ausdruck. Weil unser Leben einen unendlichen göttlichen Wert hat, formen wir es durch Rituale, feiern wir es mit unseren Ritualen. Die Rituale sind Ausdruck dessen, was Athanasius einmal gesagt hat, dass der Auferstandene ein unaufhörliches Fest in uns feiert. Unser Leben ist es wert, gefeiert zu werden, weil Christus selbst uns in seiner Auferstehung aufgerichtet und uns eine unantastbare Würde geschenkt hat. Jung meint, Menschen, die überall herumhetzen, machten oft den Eindruck, als ob sie von allen Teufeln besessen seien. Sie sind gleichsam besessen, weil sie ein sinnloses Leben führen. »Ihr Leben ist völlig und auf groteske Weise banal, vollkommen wertlos, sinnlos und ohne jedes Ziel.« Wenn wir jedoch das Gefühl haben, dass wir Söhne und Töchter Gottes sind und im Dienste Gottes stehen, dann schenkt uns das inneren Frieden. »Das gibt inneren Frieden, wenn Menschen das Gefühl haben, ... dass sie Schauspieler im göttlichen Drama sind. Das ist das einzige, was dem menschlichen Leben einen Sinn verleiht; alles andere ist banal, und man kann es beiseite lassen.«¹² Nur auf Karriere aus zu sein, nur immer mehr Geld zu verdienen macht das Leben noch lange nicht sinnvoll. Jung sieht das Ge-

35

heimnis der katholischen Kirche darin, dass sie mit ihren Riten und ihren Symbolen den Menschen »immer noch ein sinnvolles Dasein führen lässt«[13].

Heute haben viele Menschen das Bedürfnis, ihr Leben wieder durch Rituale zu feiern, weil in ihnen eine tiefe Sehnsucht steckt: ihr Leben müsse doch mehr sein als bloße Pflichterfüllung, als Herumhetzen und die Erwartungen der andern erfüllen. Sie ahnen, dass ihr Leben einen tieferen Wert hat, teilhat an der Quelle des göttlichen Lebens, ja dass göttliches Leben selbst in ihnen sprudelt. Wer dagegen nur so in den Alltag hinein lebt, der kann damit zwar jahrelang seine innere Leere verdecken. Aber irgendwann wird sie ihn einholen. Und dann wird er von der Sinnlosigkeit seines Lebens krank.

Die heilende Kraft der Riten

Die Riten haben den Zweck, »sich gegen die unerwarteten, gefährlichen Tendenzen des Unbewussten zu verteidigen«[14]. Der Mensch sieht sich ungebändigten und scheinbar willkürlichen Kräften gegenüber, die aus seinem Unbewussten hochsteigen. Er kann sich allein mit dem Verstand und Willen dagegen nicht wehren. Jung erzählt von einem intelligenten Mann, der an einer starken Krebsangst litt. Er hatte viele Ärzte konsultiert und immer wieder das Ergebnis erhalten, dass er keinen Krebs habe. Trotzdem kam er von seiner irrationalen Angst nicht los, er könne doch Krebs haben. Alle rationalen Argumente halfen hier nicht, auch nicht die Erklärung, dass er sich den Krebs einbilde und diese Angst brauche, um andern Konflikten aus dem Weg zu gehen. Alle psychologischen Erklärungsversuche können die Krebsangst nicht auslöschen. Jung meint nun, dem Mann könne man nur dann helfen, wenn man ihm die Vorstellung vermittelt, »dass sein Komplex eine autonome Macht ist, die sich gegen seine bewusste Persönlichkeit richtet«[15]. Gegen solche Komplexe, so meint Jung, könne man sich wirksamer durch Rituale schützen als durch alle Versuche, sich die Angst auszureden. Die Riten sind für Jung gleichsam Wächter, die den Menschen vor den Gefahren der Psyche und vor allem vor den selbständig erscheinenden Mächten des Unbewussten schützen. Jung beobachtete, dass manche Patienten in ihrem Heilungsprozess instinktiv ähnliche Rituale entwickeln, wie sie die Religionen seit alters praktizieren. Das ist für ihn ein Zeichen dafür, dass Rituale oft wirksamer heilen als die bloße Einsicht, dass der Komplex nichts als Einbildung sei. Jung nahm daher die Rituale »als Methoden geistiger Hygiene«[16] sehr ernst.

Wer die unberechenbaren Mächte des Unbewussten übersieht, der wird ihnen leicht ausgeliefert. Die Riten schützen vor diesen unberechenbaren Mächten und domestizieren sie. Jung sah im Ausbruch des Dritten Reiches eine Folge des übertriebenen Glaubens, wir könnten alles nur mit der Vernunft regeln. Die Mächte der Unterwelt, die früher im geistigen Gebäude der Religionen mehr oder weniger gebunden waren, kamen dadurch frei, suchten sich den Kanal der Eroberungssucht und haben »eine Staatssklaverei und ein Staatsgefängnis«[17] geschaffen. Durch bloße menschliche Vernunft kann man den entfesselten Vulkan nicht bändigen. Das zeigte Jung am

Beispiel der Hochrüstung. Dass sich die Völker immer größere Waffenarsenale schaffen, ist nicht das Ergebnis einer vernünftigen Überlegung, sondern Ausdruck der Angst vor den benachbarten Nationen, von denen man annimmt, sie seien vom Teufel besessen. »Das Schlimmste dabei ist, dass man ganz recht hat. Alle Nachbarn werden beherrscht von einer unkontrollierten und unkontrollierbaren Angst, genau wie man selbst. In Irrenanstalten ist es eine wohlbekannte Tatsache, dass Patienten, die an Angst leiden, weit gefährlicher sind, als solche, die von Zorn oder Hass getrieben sind.«[18] Riten haben die Aufgabe, diese Angst zu bannen und so in die richtigen Kanäle zu lenken. Wo die Riten fehlen, wird der Mensch mit den unberechenbaren Kräften seines Unbewussten nicht mehr fertig. Und dann wird die dadurch frei werdende Energie in die alten Kanäle der Neugier und Eroberungssucht geschickt. Dann wird der Mensch von Unruhe hin- und hergetrieben. Oft genug wird er neurotisch und desorientiert, er fühlt sich innerlich unzufrieden und zerrissen.

Das erneuerte Ritual

Die dreifache Bedeutung der Rituale, die wir in der Jungschen Psychologie finden, gilt sowohl für die persönlichen Rituale als auch für die kirchlichen Riten, die wir gemeinsam vollziehen. Von Jung her könnten wir neu verstehen, warum Rituale eine heilende und belebende Wirkung entfalten können und warum sich der Mensch darin wohl fühlt. Allerdings stellt Jung auch fest, dass die kirchlichen Rituale nicht automatisch eine heilende Wirkung haben. Oft ist der Sinn für sie verloren gegangen. Oder aber die Beziehung der Rituale zur ursprünglichen Gotteserfahrung wird nicht mehr sichtbar. Dann wird das Ritual entleert und es erstarrt. Es wird einfach nur noch abgespult. Jung warnt davor, den Ritus entweder als magischen Akt oder aber als bloßes Brauchtum misszuverstehen. Er spricht vom Ritus als einem symbolischen Akt. Er ist »Ausdruck archetypischer Erwartungen des Unbewussten«[19]. Jeder Augenblick unseres Lebens hat einen numinosen Charakter. Das gilt vor allem aber für die Übergänge des Lebens wie Geburt und Tod, Eintritt in das Erwachsensein, Krankheit, Schuld, Hochzeit und so weiter. »Durch den Ritus wird dem kollektiven und numinosen Aspekt des Augenblicks über seine rein persönliche Bedeutung hinaus Genüge getan.«[20] Der Ritus verbindet den Menschen mit seiner Geschichte. Er reicht bis in die Vorzeit hinein und erreicht daher auch das Unbewusste. Er verwandelt die unbewussten Voraussetzungen des Menschen.

Es genügt nach C.G. Jung nicht, die Riten einfach nur zu wiederholen. Sie brauchen eine ständige Erneuerung. Wir müssen uns daher immer wieder Gedanken machen, welchen Sinn die Rituale haben, und wir brauchen Phantasie, um die alten Rituale so zu feiern, dass sie uns heute erreichen. Das kann in der Kirche nicht durch das ständige Kommentieren der liturgischen Riten gelingen, sondern nur, indem wir sie so begehen, dass die Menschen unmittelbar davon erreicht werden. Es geht nicht darum, immer neue Rituale zu entwickeln, sondern die alten Rituale so zu feiern und zu verstehen, dass sie für uns stimmen. Nur dann können sie uns innerlich erneuern und kultivieren, nur dann werden sie schöpferische Energie in uns freisetzen und unsere Wunden heilen.

Was Jung von den Ritualen schreibt, habe ich bei Erhart Kästner wiedergefunden. Er hat die heilende und Heimat schenkende Wirkung der Rituale in seinem Buch »Die Stundentrommel vom Heiligen Berg Athos« in die klassischen Worte gekleidet: »Neben dem Drang, die Welt zu gewinnen, liegt ein eingeborener Drang, immer Selbes aus uralten Formen zu prägen. In Riten fühlt die Seele sich wohl. Das sind ihre festen Gehäuse. Hier lässt es sich wohnen, in den dämmerigen Räumen, die das Liturgische schafft. Hier stehn die gefüllten Näpfe bereit, die Opferschalen der Seele. Hier fährt sie aus, fährt sie ein; gewohnte Gaben, gewohntes Mahl. Der Kopf will das Neue, das Herz will immer dasselbe.«[21]

3. Rituale für das Miteinander – Erik H. Erikson

Für den amerikanischen Psychologen Erik H. Erikson sind die Rituale wichtig, damit der Mensch seine Identität findet. Gerade unsichere Menschen entdecken durch die Rituale, wer sie sind, stabilisieren sich und finden zu sich selbst.

Das erlebe ich immer wieder in der Begleitung junger Menschen. Gerade bei depressiv veranlagten Jugendlichen frage ich immer sehr konkret nach, wann sie aufstehen, wie sie den Morgen gestalten, wann und wie sie arbeiten. Manche versinken in Selbstmitleid und suchen in den Umständen die Ursache ihrer Schwierigkeiten. Da sind Rituale eine wichtige Hilfe, ihr Leben selbst in die Hand zu nehmen und ein Gespür dafür zu entwickeln, dass sie selber leben, statt gelebt zu werden. Rituale helfen ihnen dabei, Geschmack an ihrer Identität zu bekommen.

Erikson unterscheidet drei verschiedene Zusammenhänge, in denen von Riten gesprochen wird. Da ist einmal der anthropologische Begriff der Riten, »die immer wiederkehrende Ereignisse bezeichnen«[22]. Besonders interessierte Erikson die phylogenetische Bedeutung der Riten, wie sie auch Konrad Lorenz beschrieben hat. Hier sind Riten angeborene »Verhaltensmuster, die bei Tieren, die in Gruppen leben, der Anpassung dienen«[23]. Beim Menschen zeigen sich diese Riten als vereinbarte Haltungen, die zwei Menschen immer wieder als Wechselspiel aufführen. Erikson zeigt das am Beispiel des morgendlichen Begrüßungsrituals des kleinen Kindes durch die Mutter. Es ist immer das gleiche Ritual, wie das Kind seiner Mutter zuerst mitteilt, dass es wach ist, und die Mutter das Kind anschaut, in den Arm nimmt, seinen Namen ausspricht und spürt, ob das Kind sich wohl fühlt oder nicht. Das Verhalten der Mutter ist formalisiert, und doch ist es ganz persönlich. Sowohl für die Mutter wie für das Kind ist dieser Ritus »eine emotionale und eine praktische Notwendigkeit«. Zugleich und drittens hat der Ritus für Erikson aber auch ein numinoses Element: »das Gefühl einer heiligen Gegenwart«[24]. Die Rituale erzeugen im Kind das Urvertrauen, das für die Entfaltung der eigenen Identität so entscheidend ist. Durch die Rituale zeigen die Eltern dem Kind, dass das, was sie tun, einen tieferen Sinn hat. Und sie wecken in ihm das Vertrauen in die Welt, in ihre Verlässlichkeit und in ihre Sinnhaftigkeit. Erikson gibt folgende grundlegende Elemente der Rituale an.

Menschliche Rituale

»1. treten zum erstenmal in einem numinosen Zusammenhang auf;
2. basieren auf den wechselseitigen Bedürfnissen zweier ungleicher Organismen;
3. verbinden sich zu praktischer Realität und symbolischer Aktualität;
4. sind sowohl deutlich persönlich als auch gruppengebunden;
5. erhöhen sowohl das Gefühl der Zugehörigkeit als auch das Gefühl des Anders-Seins;
6. sind spielerisch, wenngleich formalisiert;
7. sind durch Wiederholung vertraut geworden; dennoch haftet ihnen durch das mit ihnen verbundene Wiedererkennen ein Gefühl der Überraschung an.«[25]

Erikson sieht also die Rituale vor allem als Ausdruck des Miteinanders. In den Ritualen verhalten sich Menschen auf klare Weise zueinander. Rituale schaffen Verständnis füreinander, und sie geben dem Miteinander eine heilsame Form. Auch wenn ein Einzelner für sich Rituale entwickelt, fühlt er sich darin einer bestimmten Gruppe, zum Beispiel einer Religionsgemeinschaft, einer Familie oder einem Verein, zugehörig. Sein Leben verliert das Zufällige. Er fühlt sich eingebunden in eine größere Familie, und er fühlt sich getragen von der »heiligen Gegenwart«, von der Nähe Gottes.

Viele Rituale regeln ja auch schon von vorneherein die Beziehung zur Gemeinschaft, etwa das Begrüßungsritual bei einem Vortrag. Da werden die Zuhörer begrüßt, damit sie sich zusammengehörig fühlen. Und da wird der Referent begrüßt und dadurch aufgenommen in die Gemeinschaft derer, die gekommen sind, um ihn zu hören. So schafft das Ritual der Begrüßung Gemeinschaft. Das gilt natürlich noch mehr für die kirchlichen Rituale, die darauf aus sind, dass sich die Gemeinde in einer tieferen Weise zusammengehörig fühlen kann.

Und die Rituale haben etwas Spielerisches. Sie schaffen in unserer verzweckten Welt einen Raum für das Zweckfreie und für das Spiel. Rituale sind nicht notwendig, aber sie machen Spaß. Sie bringen in die Tretmühle unseres Alltags etwas Luft, einen Raum zum Atmen, das Gefühl von Freiheit, von Selberleben anstatt Gelebtwerden.

4. Spontanrituale – Peter Schellenbaum

Der Jungianer Peter Schellenbaum beschreibt in seinem Buch »Nimm deine Couch und geh!« die Heilung durch Spontanrituale. Er beobachtet, dass Menschen, etwa in einer Gruppentherapie oder in einem Einzelgespräch, manchmal Spontanrituale entwickeln, die dann genau die Spur der Heilung angeben. So bewegt eine 35-jährige Frau, die von ihrer lähmenden Ehesituation erzählt, auf einmal den Kopf hin und her, »als wolle sie anfangen, nein zu sagen«[26]. Das war so ein Spontanritual, das ihr auf einmal klar machte, dass sie endlich einmal nein sagen musste, wenn sich in ihrer Ehe etwas bewegen sollte.

Die Krankheit, so meint Schellenbaum, entstehe oft durch ganz bestimmte krankmachende Rituale. So ein Ritual kann darin bestehen, dass bei einem Kind jeder Fehler durch Schläge geahndet wird, oder dass der Vater erst einmal herumbrüllt, wenn er von der Arbeit heimkommt, oder aber sich vor dem Fernseher verkriecht und für das Kind nicht präsent ist. Seelische Krankheit besteht für Schellenbaum oft in der »Ritualisierung früher Reaktionsmuster, die beibehalten werden, obschon sie das Leben einengen und hemmen«. Spontane Rituale, die im Prozess einer Therapie oft auftauchen, »bewirken Strukturierung«, »sie ordnen menschliches Leben mit dem Ziel, seinen Fluss zu fördern«[27]. Wir brauchen Rituale, um ganz da zu sein. Sie bringen uns mit uns selbst in Berührung, damit wir uns ganz auf die gerade gestellte Aufgabe einlassen können.

Schellenbaum vergleicht die Spontanrituale mit den Einweihungsriten, die bei allen Völkern beobachtet werden können. Sie haben nicht nur die Funktion, den Menschen in einen neuen Entwicklungsschritt einzuüben, sondern sie wollen den ganzen Menschen erneuern. Das Einweihungsritual geschieht meistens in einer Gruppe, und zwar in einer Übergangsgemeinschaft. Früher tauchten die Menschen für einige Zeit in die Übergangsgemeinschaft eines Klosters ein, heute treten an deren Stelle oft Therapiegruppen. Dort üben sich die Menschen darin ein, sich von falschen Erwartungen der Gesellschaft zu lösen und

44

den eigenen Weg zu entdecken. »Spontanrituale dieser Übergangsphase markieren den Weg und bilden Energiequellen, die in späteren Krisen wieder zum Strömen gebracht werden. Sie sind gewissermaßen Entwicklungsanker oder Leitsysteme der Neuorientierung.«[28]

Schellenbaum beobachtet in seinen Gruppen, wie oft Menschen eine Schlüsselgebärde entdecken, die eine alte Lebenshemmung auf einmal auflöst. So eine Schlüsselgebärde kann ein Sprung sein, den man endlich einmal wagt, nachdem man ihn sich lange verboten hat. Oder es ist ein Schritt: »Wenn ich den gefunden habe, dann bin ich da.«[29] Wenn einer seinen Schritt, seinen Sprung, seine Drehung, seine Schlüsselgebärde entdeckt hat, dann wäre es seine Aufgabe, sie immer wieder zu üben, bis sie ihn mehr und mehr zum Leben führt. Die Rituale, die aus solchen Schlüsselgebärden entstehen, wirken nicht, indem wir sie verstehen, sondern indem wir sie üben. Dann strukturieren sie unser Leben neu und schenken uns neues Lebenspotential.

Was Schellenbaum von der heilenden Wirkung der Spontanrituale schreibt, das gilt für ihn auch für viele traditionelle Rituale, die wir bewusst oder unbewusst üben. Ihr Sinn liegt in der »Einübung in alltägliches Leben. Sie verkörpern ›bahnbrechende‹ Energiemuster. In Krise und Gefahr erschließen sie Lebenspotential«[30]. Schellenbaum spricht von der erotischen Einstellung als Kennzeichen positiver Energiemuster. Gerade wenn wir in unserer Einsamkeit, in unserem Schmerz, in unserer Kränkung an Grenzen kommen, kann uns ein Ritual, zum Beispiel eine Eucharistiefeier, in die erotische Spur führen, in die »Förderung des Lebens durch Hingabe«[31]. Da spüren wir auf einmal, dass etwas in unser Leben eintritt, was uns befreit von dem Kreisen um uns selbst, von den »Unliebesspielen«, »durch die wir uns in die Isolation drängen«. Auf einmal entdecken wir einen neuen Sinn in unserem Leben: die sich hingebende Liebe, die wir in der Eucharistie feiern.

Schellenbaum beschreibt in den Spontanritualen, wie ein Mensch in einem therapeutischen Prozess eine Spur findet, die ihn zur Heilung seiner Wunden und zur Lebendigkeit und Freiheit führt. Auch in den Ritualen unseres Alltags geht es nicht darum, dass wir uns irgendwelche Rituale überstülpen, sondern dass wir für uns persönliche Rituale entwickeln, die uns zum Leben führen. Immer wenn es nur darum geht, in den Ritualen eine Leistung zu vollbringen, sind wir in Gefahr, uns Zwangsrituale aufzuerlegen. Es geht nicht um Leistung, die wir vorweisen könnten, sondern um Spuren, auf denen wir zu unserer eigenen Lebendigkeit finden und die uns helfen, unser eigenes Leben bewusst zu leben. Die Spontanrituale kommen von innen heraus, wenn ein Mensch sensibel wird für die Regungen seiner Seele und seines Leibes.

Wenn ich im folgenden eine Reihe von Ritualen beschreibe, dann möchte ich nicht dazu einladen, sie direkt zu kopieren, sondern auf dem Hintergrund der Erfahrung anderer sensibel zu werden für das, was einem selbst gut tut. Wenn wir zu viel Energie darauf verwenden, uns Rituale auszudenken und zu praktizieren, dann halten sie uns eher vom Leben ab, als dass sie uns zu unserer eigenen Lebendigkeit führen. Ich möchte nur anregen, das eigene Leben bewusster zu leben und zu sehen, welche Rituale dabei helfen könnten.

Morgenrituale

Jeder Mensch entwickelt in seinem Leben Rituale, etwa wie er seinen Tag beginnt und beschließt, wie er seine Arbeit vorbereitet und durchführt und wie er seinen Feierabend gestaltet. Wenn jemand seine Rituale nicht bewusst lebt, stellen sich trotzdem unbewusst ritualisierte Abläufe ein. Es gibt heilende Rituale, aber es gibt auch krankmachende Rituale. Wenn jemand immer erst in der letzten Minute aus dem Bett springt, sich in aller Eile wäscht und anzieht und das Frühstück hinunterschlingt, um zur Arbeit zu hetzen, so tut ihm dieses Morgenritual sicher nicht gut. Er hat dieses Morgenritual auch nicht bewusst für sich gewählt. Es überkommt ihn, weil er nicht darüber nachdenkt, wie er seinen Morgen sinnvoll und auf gesunde Weise beginnen soll. Andere lassen sich Zeit am Morgen. Sie spüren sich in den Tag hinein, öffnen das Fenster und atmen bewusst die frische Luft ein. Sie halten ihre offenen Hände dem Tag entgegen und bitten Gott um seinen Segen. Sie stehen früh genug auf, um sich in aller Ruhe waschen und ankleiden zu können und das Frühstück zu genießen. Für viele gehören zum Morgenritual das Morgengebet oder eine stille Zeit. Die einen lesen einen Bibeltext und meditieren über ihn. Die andern meditieren mit dem Jesusgebet, oder sie setzen sich einfach schweigend vor eine Kerze oder eine Ikone, um ihren Tag Gott hinzuhalten oder um in der Stille in sich den inneren Raum des Schweigens zu entdecken, den ihnen auch der Lärm des Tages nicht zu rauben vermag.

Disziplin

Es gibt die verschiedensten Möglichkeiten, seinen Tag mit einem gesunden Ritual zu beginnen. Ein Mann erzählte mir, dass er jeden Morgen nach dem Aufstehen einen kurzen Waldlauf macht, sich dann duscht und das Frühstück genießt. Das tut ihm gut. Natürlich braucht dieses Ritual auch Überwindung. Wenn es draußen kalt ist, ist es nicht so selbstverständlich, das warme Bett zu verlassen. Aber wenn dieser erste Schritt vollzogen ist, spürt er, wie gut ihm das Laufen in der freien Natur tut. Rituale brauchen auch Disziplin. Disziplin, so meint ein amerikanischer Psychologe, sei die Kunst, das Leid des Lebens zu verringern. Rituale vertragen aber auch keinen Zwang. Wenn sie aus innerem Zwang geschehen, aus Angst, sonst könnte tagsüber ein Unglück geschehen, dann beleben sie nicht, sondern engen ein und verstärken nur die Angst, aus der sie geboren wurden.

Ein Priester erzählte mir, dass er lange Zeit ein Morgenritual hatte, das ihm das Gefühl vermittelte, sein eigenes Leben zu leben. Er führte erst seinen Hund aus, dann duschte er, bereitete sich das Frühstück, legte gute Musik auf und zündete eine Kerze an, um so in aller Ruhe zu frühstücken. Er hatte das Gefühl, dass sein Tag so gut beginnt, dass es sein eigenes Leben ist und dass er Lust am Leben hat. Aber als er in eine neue Pfarrei kam, ging dieses Morgenritual irgendwie unter. Er wusste selbst nicht, warum er nicht mehr darauf achtete, wie er den Morgen begann. Auf jeden Fall führte diese Formlosigkeit schon nach kurzer Zeit in die Beziehung zu einer Frau, die ihn in große Schwierigkeiten brachte. Weil er nicht mehr sein eigenes Leben lebte, wurde er von außen gelebt. Weil er bei sich keine Heimat mehr fand, musste er sie bei einer Frau suchen.

Gerade bei Menschen, die allein leben, achte ich in der Begleitung sehr darauf, wie sie ihren Tag beginnen. Das ist für mich immer ein Kriterium, ob sie selber leben oder sich einfach treiben lassen, ob sie wirklich einen spirituellen Weg gehen oder nur eine fromme Verzierung ihres inneren Durcheinanders möchten. Ich reagiere allergisch darauf, wenn einer schwärmt, wie sehr er Gott liebe, in seinem konkreten Leben aber nichts von dieser Gottesliebe sichtbar wird. Vielmehr zeichnen sich solche Menschen oft durch übertriebene Empfindlichkeit und überhöhte Ansprüche an die andern aus. Aber das merken sie gar nicht. Sie bleiben lieber in ihrer Illusion, dass sie nur noch Jesus oder Maria liebten. Doch ihre vermeintliche Liebe ist nichts anderes als Flucht in ein frommes Gefühl. Darin steckt keine Kraft, das Leben zu verwandeln und zu formen. Ob unsere Beziehung zu Jesus Christus echt ist, zeigt sich für mich in der Gestaltung des Tages. Und dafür ist der Morgen entscheidend.

Die Morgenrituale entscheiden, ob wir den Tag selber leben oder ob wir gelebt werden, ob wir gerne in den Tag gehen oder uns von unserer Unlust treiben lassen, ob wir uns von den Terminen bestimmen lassen oder ob wir alles, was wir tun, unter den Segen Gottes stellen. Eine Frau erzählte mir von ihrer Tendenz, allen schwierigen Situationen auszuweichen und sich immer wieder in die Krankheit zu flüchten. Wenn etwas Unangenehmes bevorsteht, dann kommt sie nicht aus dem Bett heraus. Gerade für sie war es wichtig, ein gesundes Morgenritual zu entwickeln. Ich riet ihr, sie solle sich jeden Morgen, wenn der Wecker schellt, vorsagen: »Ich entscheide mich für das Leben.« Je mehr sie dem Leben ausweicht, desto stärker fließt alle Energie aus ihr ab.

Ein Morgenritual, das für den heutigen Tag motiviert, weckt die Energien, die in jedem stecken, und schenkt Lust am Leben. Gerade bei Menschen, die depressiv veranlangt sind oder die ihren normalen Rhythmus verloren haben, weil sie arbeitslos geworden sind, ist ein bewusstes Morgenritual entscheidend. Wenn sie sich da gehen lassen, dann werden sie den ganzen Tag herumtrödeln. Es wird nichts dabei herauskommen, und sie werden immer unzufriedener.

An die Situation anpassen

Viele finden daheim allerdings keine Zeit und keinen Raum, für sich zu sein, weil ihre Kinder sie schon in aller Frühe in Beschlag nehmen. Die Rituale müssen an die jeweilige Situation angepasst sein. Vielleicht bleibt überhaupt keine Zeit zu Stille und zum Gebet. Zumindest die ersten Augenblicke nach dem Schellen des Weckers aber sind meine eigene Zeit. Es liegt an mir, welche Gedanken ich mir da mache, ob ich da Gott um seinen Segen bitte, oder ob ich einfach in den Tag falle. Wenn die Kinder noch klein sind, sind sie es oft, die den Schlaf der Eltern beenden, und sie verlangen sofort nach Zuwendung. Dann bleibt meist keine Zeit, sich bewusst auf den Tag einzustimmen. Aber die Art, wie ich mich den Kindern zuwende, kann auch zu einem heilsamen Ritual werden, das mich bewusst auf die Kinder einstimmt. Ich kann innerlich stöhnen über die Plagegeister, die mir den Schlaf rauben, oder ich kann bewusst Ja sagen zu den Kindern, die Gott mir geschenkt hat und für die ich Vater oder Mutter sein, denen ich Geborgenheit und Liebe schenken darf. Denen ich etwas vermitteln kann von Gottes Güte und Menschenfreundlichkeit, von Gottes Väterlichkeit und Mütterlichkeit.

Träumen nachspüren

Ein gutes Morgenritual ist auch, sofort nach dem Aufwachen nachzuspüren, ob ich mich noch an Träume erinnern kann. Vielleicht sind es nur ein paar Traumfetzen oder einzelne Bilder, die mir einfallen. Die Träume sagen mir genauer, wie es eigentlich um mich steht. Sie zeigen mir, was mich in der Tiefe meines Herzens beschäftigt. In Bildern decken sie mir meine eigene Wahrheit auf und geben mir zugleich die Schritte an, die ich tun müsste. Oft sind die Träume auch eine frohe Botschaft, die mir zeigt, dass in mir schon mehr Leben und Reife ist, als ich bewusst oft wahrnehme. Vielleicht ist mein Alltag grau. Da zeigen mir die Träume, wie bunt es in mir aussieht, wie viel Phantasie in mir ist. Manche Träume hinterlassen ein Gefühl von Beklemmung und Angst. Das ist dann immer ein Zeichen, dass ich da einmal genauer hinsehen muss, dass da etwas in mir ist, was ich verdrängt habe. Andere Träume geben ein Gefühl von Weite und Freiheit, von Freude und innerer Sicherheit. Das Nachspüren in solche Träume kann dann eine Hilfe sein, den Tag froher und freier zu erleben. Wenn solche frohmachenden Traumbilder in mir nachwirken, dann werde ich den Tag von innen heraus leben und mich nicht von den äußeren Bedingungen bestimmen lassen. Und ich werde alles durch die Brille dieser inneren Bilder sehen und nicht durch die Brille meiner Angst oder meiner Resignation.

Rituale bei der Arbeit

Für manche ist der Weg zur Arbeit ein guter Ort, sich bewusst auf den Tag einzulassen und ihn Gott hinzuhalten. In katholischen Gegenden ist es noch Brauch, beim Verlassen des Hauses Weihwasser zu nehmen und sich damit zu bekreuzigen. Das Weihwasser erinnert an die Taufe, daran, dass wir bedingungslos von Gott angenommen sind, unabhängig von der Leistung, die heute in unserer Arbeit von uns verlangt wird. Es relativiert den Leistungsdruck, unter dem viele schon in aller Frühe stehen, wenn sie an die Arbeit denken. Das Kreuzzeichen bringt zum Ausdruck, dass der ganze Leib von der Liebe Gottes berührt wird, dass wir ganz und gar unter dem

Segen Gottes stehen, dass das Kreuz Christi die Gegensätze unseres Lebens, die uns oft zu zerreißen drohen, zusammenhält. Und das Kreuz zeigt, dass ich Gott gehöre und nicht der Welt, dass die Welt keine Macht hat über mich, weil ich ein anderes Leben, ein göttliches Leben in mir trage.

Wer mit dem Zug zur Arbeit fährt, der hat jeden Tag seine Zeit, um zu lesen oder zu beten. Manch einer hat mir erzählt, wie sehr er sich jeden Tag auf die Fahrt zur Arbeit freut, weil er da Zeit hat zu lesen. Natürlich ist es wichtig, was ich mir zum Lesen aussuche. Für viele sind Bücher, die eine Lebenshilfe aus dem Glauben anbieten, zu wichtigen Begleitern auf der Fahrt zur Arbeit geworden. Wer mit dem Auto fährt, kann sich über den Verkehr ärgern oder aber den Rosenkranz oder das Jesusgebet beten oder gute Musik hören. Auch im Auto kann man durchaus meditieren und sich und seinen Tag Gott übergeben. Andere gehen bewusst zu Fuß oder fahren mit dem Rad. Dann können sie die Natur wahrnehmen und mit allen Sinnen die Luft, die Kälte und Wärme, die Stimmung der Jahreszeiten spüren. Auf dem Gang zur Arbeit kann man sich langsam auf die Menschen einstellen, mit denen man in seiner Firma zusammenarbeitet oder denen man begegnen wird. Und man kann für sie beten, dass man ihnen gerecht wird, dass man einen Blick dafür bekommt, wonach sie sich sehnen, was sie im Innersten bewegt und was sie gerade brauchen.

Auch bei der Arbeit gibt es die verschiedensten Rituale. Da fängt einer im Büro damit an, dass er erst einmal das Fenster aufmacht und frische Luft hereinlässt. Der andere verschafft sich zuerst einen Überblick über das, was auf dem Schreibtisch liegt, und arbeitet dann eines nach dem andern auf. Ein anderer beginnt mit dem Kreuzzeichen, wenn er in sein Büro kommt. Für mich ist es wichtig, auf dem Weg zur Verwaltung für die Menschen zu beten, die heute in mein Büro kommen. Natürlich habe ich damit keine Garantie, dass ich nach zwei Stunden noch in der Verfassung bin, in die mich das Gebet bringt. Aber zumindest wird dadurch die Sensibilität für die Menschen, die heute etwas von mir wollen, etwas größer. Beim Telefonieren spüre ich sofort, ob der andere ganz beim Gespräch ist, oder ob er den Anruf nur als lästig empfindet und ihn möglichst rasch abtun möchte. Da ist es ein gutes Ritual, beim Griff zum Telefonhörer ganz im Augenblick zu sein und sich auf den Anrufer einzustellen.

Ein Bankdirektor geht in der Mittagspause in eine nahegelegene Kirche und setzt sich dort zwanzig Minuten still hinein, um innerlich zur Ruhe zu kommen. Das schenkt ihm für den zweiten Teil der Arbeit die nötige Gelassenheit. In unserer Abtei ist es Brauch, dass wir bei jedem Stundenschlag kurz innehalten und beten. Das unterbricht die Arbeit und zeigt uns, worauf es eigentlich ankommt.

Jeder hat seine eigenen Rituale für die Pausen entwickelt, die die Arbeit bietet. In manchen Firmen ist die Kaffeepause ein Greuel, weil nur auf andere geschimpft wird. In andern Betrieben dagegen freuen sich die Mitarbeiter auf das Zusammensein in der Pause. Da kann man aufatmen, in aller Ruhe sein Brot essen und das ungezwungene Miteinander genießen. Manche gehen auch gerne ins Freie, um einmal richtig durchzuatmen. Andere entspannen sich in einem Sessel und lassen alles los, was auf sie eingestürmt ist. Ein gutes Ritual kann die Erholung durch die Pause fördern.

Entscheidend ist auch das Ritual, mit dem ich die Arbeit beschließe und nach Hause komme. Oft verursachen unerledigte Geschäfte bei der Arbeit, verinnerlichter Ärger, Unzufriedenheit, Anspannung, die man mit nach Hause bringt, unnötige Konflikte. Da schreit man dann entnervt die Kinder an oder ist gereizt, wenn die Frau nicht so reagiert, wie man möchte. Man hört nicht hin, wenn die Frau etwas erzählt von dem, was sie erlebt hat. Und schon fühlt sich die Frau nicht ernst genommen. Und so entsteht sehr schnell ein Konflikt, der vermeidbar wäre, wenn man sich von der Arbeit wirklich verabschiedet hätte.

Manche Frauen, die von der Arbeit kommen, stöhnen über den Berg an Arbeit, der sie nun daheim erwartet, oder über die Kinder, die nun an ihnen zerren werden. Auch da kommt es darauf an, mit welchem Ritual ich nach Hause komme, ob ich mich bewusst auf daheim freue oder alles nur als Last ansehe, die mich überfordert. Wer mit dem Zug fährt, kann die Zeit nutzen, sich innerlich von der Arbeit zu lösen und sich bewusst auf das Zuhause einzustellen. Je kürzer der Nachhauseweg ist, desto schwieriger ist es, abzuschalten und sich ganz auf die Familie einzulassen. Aber da könnte helfen, an seinem Arbeitsplatz nochmals kurz innezuhalten und ganz bewusst alles hier zu lassen, was mich beschäftigt. Ein kurzes Dankgebet für das, was gelungen ist, und eine Bitte, dass Gott alles, was nicht so gut war, verwandeln möge, können uns inneren Frieden schenken und uns gut auf den Abend daheim vorbereiten.

Abendrituale

Abendrituale sind genauso wichtig wie Morgenrituale. Natürlich unterscheiden sie sich sehr, je nachdem, ob man verheiratet ist oder alleine lebt. In der Familie bestimmen die Kinder diese Abendrituale mit. Übrigens: Wenn der Vater täglich einplant, mit den Kindern eine halbe Stunde zu spielen, dann kann das für ihn Erholung sein, und den Kindern gibt es Sicherheit und das Gespür, dass der Vater Zeit für sie hat. Wenn sie aber täglich darum betteln müssen, mit dem Vater spielen zu dürfen, dann wird es für beide Seiten nicht befriedigend. Viele Männer, die von der Arbeit nicht abgeschaltet haben, schalten lieber vor dem Fernseher ab oder indem sie sich hinter der Zeitung verkriechen. Aber das tut dem Miteinander meistens nicht gut. Es kann nur dann hilfreich sein, wenn es genau begrenzt ist und zum täglichen Ritual wird. Wenn man sich erst einmal eine halbe Stunde mit Zeitunglesen erholt, dann aber wirklich präsent ist, dann kann sich die Familie darauf verlassen und wird es auch respektieren. Aber wenn man sich für den ganzen Abend vor den Fernseher zurückzieht, dann wird das den Hausfrieden stören, und das Abendritual wird für alle unbefriedigend sein. Jeder wird das Gefühl haben, nicht ernst genommen zu werden, nicht wichtig zu sein. Gute Abendrituale schenken nicht nur mir selbst innere Zufriedenheit, sondern ermöglichen auch ein gutes Miteinander in der Familie.

Bei einem Priestertag war eine wichtige Frage, wie der Abend des zölibatären Priesters aussehe. Da wurde berichtet, dass viele frustriert von den Sitzungen heimkämen und dann keine Lust mehr hätten zum Lesen oder Meditieren. Sie würden dann den Ärger zustopfen mit Essen, Trinken oder Fernsehen oder allem zugleich. Irgendwann gehen sie dann müde zu Bett. Das ist auch ein Abendritual, aber eines, das der Psyche schadet. Denn der zugestopfte Ärger wird sich in der Nacht im Traum auswirken. Man wird entweder unruhig träumen und dann am nächsten Tag mit dem Gefühl diffuser Unzufriedenheit aufwachen. Oder man wird sich an die Träume gar nicht erinnern und trotzdem am Morgen gerädert aufstehen. Der verdrängte Ärger wird sich im Unbewussten auswirken und uns dann von innen her bestimmen. Wir wissen gar nicht, woher das Gefühl der Lustlosigkeit kommt. Es rührt oft von dem nicht verdauten Ärger her. Priester, die ständig Erwartungen von außen ausgesetzt sind und immer für andere da sein sollen, brauchen den Raum, in dem sie für sich selbst leben. Sie brauchen Rituale, die ihnen das Gefühl vermitteln, dass sie selber leben, anstatt gelebt zu werden, dass sie eine eigene Lebenskultur haben, die ihnen Freude macht. Die Rituale sind ein Gegengewicht gegen die oft allzu großen Erwartungen, die eine Gemeinde an den Priester richtet. Sie schützen ihn davor, ausgelaugt zu werden. Sie geben ihm eine Form, in der er leben kann.

Das Fernsehen

Nicht nur in Familien, auch bei vielen Alleinstehenden bestimmt der Fernseher das Abendritual. Das ist ein passives Ritual, bei dem man sich berieseln lässt. Auf Dauer wird das unzufrieden und träge machen. Wenn das Fernsehritual allein den Abend bestimmt, wird das Familienleben beeinträchtigt. Es kann kein Gespräch mehr zwischen den Ehepartnern entstehen. Und im Umgang mit den Kindern geht viel Phantasie verloren. Auch für Alleinstehende ist der Fernseher eine große Versuchung. Es ist die einfachste Art, sich abends zu beschäftigen. Aber abgesehen von den sinnvollen Sendungen, die ein gutes Gefühl hinterlassen, erzeugt der Fernseher doch eher Unzufriedenheit. Man beschäftigt sich halt, weil man nichts Besseres weiß. Aber man wird dann auch vom Fernseher bestimmt. Die meisten können die Sendungen gar nicht genießen, sie konsumieren sie eben wie das tägliche Brot.

Für mich ist der Abend zu schade, um ihn mit Fernsehen zu verbringen. Ich freue mich, wenn einmal kein Gespräch oder Vortrag ist. Dann habe ich den Abend für mich. Ich kann lesen oder schreiben, je nachdem, wie es für mich gerade stimmt. Oder ich kann bewusst einmal Musik hören und sie genießen. Dann kann ich mich in die Musik hineinfallen lassen und durch die Musik in ähnliche Bereiche vorstoßen, in die mich morgens die Meditation führt.

Am Abend allein

Manche Alleinstehende erzählen mir, dass ihnen abends die Decke auf den Kopf fällt, dass sie sich einsam und verlassen fühlen, dass da all die unerfüllten Lebenswünsche hochkommen, das Gefühl, am Leben vorbeizuleben. Da sehnt man sich nach einem Lebenspartner und fühlt sich allein gelassen. Ich kann das durchaus verstehen. Und es hat keinen Zweck, solche Gefühle einfach zu verdrängen.

Für mich gibt es zwei Wege, mit solchen Gefühlen umzugehen. Der eine Weg besteht darin, sich diesen Gedanken und Gefühlen zu stellen und sie zu Ende zu denken: »Wonach sehne ich mich wirklich? Ist es nur der Mann oder die Frau, die mir alle meine Wünsche erfüllen könnten? Oder ist da in mir eine tiefere Sehnsucht, die allein Gott zu erfüllen vermag? Was macht mein Leben lebenswert? Was heißt es für mich, zu leben? Was ist der Sinn meines Lebens?« Solche Fragen führen mich zum Kern und zwingen mich, meinen Grund tiefer zu legen als in äußere Beziehungen. Der letzte Grund meines Lebens ist Gott. Der zweite Weg besteht darin, genügend Phantasie zu entwickeln, um das Alleinsein auch zu genießen. Und das wären eben gute Abendrituale. Entscheidend ist, dass ich den Abend selber gestalte, dass ich abwechsle zwischen Abenden, die ich bewusst allein verbringe, mit Lesen, Musikhören, Meditieren oder mit dem, worauf ich Lust habe, und Abenden, an denen ich mit Freunden etwas unternehme, ins Theater oder Konzert oder ins Kino gehe, einen Spaziergang mache oder schwimme. Sobald ich meine Abende aktiv gestalte, wird es mir besser gehen. Und ich werde sowohl das Alleinsein als auch die Gemeinschaft genießen können.

Gerade für Alleinstehende ist es wichtig, dass sie gesunde Rituale entwickeln, damit sie das Gefühl haben, gerne zu leben, Lust an diesem Leben zu haben. Ohne Rituale kommen oft Gefühle der Sinnlosigkeit auf. Wozu das alles? Gute Abendrituale könnten dagegen eine Quelle von Kreativität und Lebensenergie sein. Wie viel einer arbeiten kann, hängt sicher auch von seinen Ritualen ab. Manche kommen abends nicht ins Bett, weil sie noch so viel zu tun haben. Aber oft kommt bei der Arbeit gar nichts heraus. Sie arbeiten vor sich hin, tun das und jenes und legen sich dann unzufrieden ins Bett. Das tut weder dem Leib noch der Seele gut.

Ein Mann, der aus einer führenden Position in der Wirtschaft ausgestiegen war, erzählte mir, wie er oft lustlos den Tag anfange. Dann setze er sich an den Schreibtisch. Aber schon nach kurzer Zeit habe er keine Lust mehr, vor allem dann, wenn es nicht gut läuft. Dann legt er sich wieder ins Bett. So wird er immer unzufriedener mit sich selbst, weil er die Arbeit, die er sich vornimmt, nicht schafft. Da wären Rituale eine wichtige Hilfe, um aus dieser Lustlosigkeit und Sinnlosigkeit herauszukommen. Nur mit seinem Willen, täglich genügend zu arbeiten, wird der Mann sicher scheitern. Er braucht Rituale, die ihm das Gefühl von Sicherheit mitten in seiner unsicheren Situation geben, die seinen Tag klar strukturieren und in ihm die nötige Energie erzeugen, die ihm Lust am Leben schenken.

Rituale sind gerade für Alleinstehende wichtig, um zu klären, ob sie aus irgendeinem Grund alleine leben und sich für diese Lebensform entschieden haben. Da vermitteln die Rituale nicht nur das Gefühl, dass ihr Leben einen unantastbaren Wert habe, sondern auch ein Stück Heimat und Geborgenheit. Rituale sind Ausdruck der Lebenskultur. Und gerade für Alleinstehende ist es entscheidend, dass sie eine Lebenskultur entwickeln, die ihnen gut tut, in der sie sich daheim fühlen.Viele Alleinstehende, die für einige Zeit bei uns im Kloster mitgelebt haben, haben die heilende Wirkung eines klar strukturierten Tages entdeckt und haben ihren eigenen Tag so geordnet, dass sie sowohl effektiv arbeiten können als auch gerne leben, mit dem Gefühl, ihr Leben sei schön und wert, gelebt zu werden.

Das Abendgebet

Das Abendgebet ist ein gesundes Ritual. Es hat eine zweifache Funktion. Zum einen schafft es Distanz zu den Erlebnissen des Tages. Ich halte meinen Ärger Gott hin und kann ihn so ein Stück loslassen. Und ich danke Gott für das, was gelungen ist. Ich übergebe meinen Tag Gott. So wird es mein eigener Tag. Wenn ich einfach müde ins Bett gehe, entsteht das Gefühl, in einer Tretmühle zu sein und von den Terminen hin und her getrieben zu werden. Wenn ich den Tag im Abendgebet bewusst loslasse, beschließe ich ihn wirklich und kann so den neuen Tag auch neu beginnen. Die zweite Funktion des Abendgebetes ist die Bitte um gute Träume, die Bitte, dass Gott seine heiligen Engel senden und mir im Traum sagen möge, wie es um mich steht und was er mit mir vorhat, worauf ich achten sollte und wo mögliche Lösungswege liegen.

Ganz gleich wie der Abend verlaufen ist, die letzten Augenblicke kann jeder mit seinen persönlichen Ritualen füllen. Er kann nochmals kurz innehalten und für den Tag danken. Mir hilft oft die Gebärde der offenen Hände, um Gott den Tag zu übergeben mit allem, was war. Das sind keine Rituale, die Zeit brauchen, die aber den Tag dennoch gut beschließen und mich innerlich zufrieden machen. Viele lesen noch gerne im Bett. Aber auch da ist es wichtig, was ich lese, ob ich irgendwelche Illustrierten lese, die nur die Neugier befriedigen, oder geistliche Bücher oder Gedichte oder Kurzgeschichten. Die Lektüre will sorgfältig ausgewählt sein. Andere sind abends so müde, dass sie sofort einschlafen. Oder aber sie beten im Bett noch für die Menschen, mit denen sie sich verbunden fühlen, und lassen sich betend in die liebenden Arme Gottes fallen. Für sie wird der Schlaf zum Ritual, zum Bild dafür, dass sie in Gottes Armen ausruhen können von allem, was tagsüber auf sie eingeströmt ist.

Der Kontrakt mit jungen Menschen

In der geistlichen Begleitung frage ich immer wieder ganz konkret, wie der einzelne den Tag beginnt und wie er ihn beschließt und welche Rituale er für die Arbeit entwickelt hat. Wenn das geistliche Leben keine konkreten Ausdrucksformen schafft, dann verliert es auch seine Kraft. Dann kann es das Leben nicht mehr prägen. Gerade auch bei jungen Menschen ist es mir wichtig, dass sie Formen finden, die ihnen gut tun. Manche Jugendliche schwimmen in ihrem Selbstmitleid. Sie jammern, dass sie es so schwer haben. Ein Weg, auf ihre Probleme zu antworten, ist das Gespräch über die Ursachen ihrer Schwierigkeiten. Aber die Einsicht allein löst die Probleme noch nicht. Die Wunden müssen nochmals erlebt werden, damit sie heilen. Aber junge Menschen sind oft überfordert, sich den Wunden ihrer Kindheit zu stellen. Da ist es besser, an ihre kreativen Möglichkeiten zu appellieren. Ich frage sie, was Rituale wären, in denen sie sich wohl fühlen und die ihnen Lust am Leben schenken könnten. Es geht nicht darum, dass man sein Leben künstlich fromm macht. Bei den Ritualen geht es letztlich darum, worauf ich Lust habe, was mir gut tun würde. Wenn dann ein junger Mensch erzählt, was ihm gut tun würde, dann schließe ich mit ihm einen Kontrakt, dass er das für die nächsten zwei Monate probieren solle. Dann könne er ja sehen, ob er sich etwas übergestülpt habe, oder ob das eine Form sei, die ihn leben lässt. Manchmal erschrecke ich, wenn ein Jugendlicher gar nichts findet, was ihm Spass macht, wenn er keine Spur findet, die ihn zum Leben führen könnte. Dann schlage ich ihm Dinge vor, die mir gut tun. Und er kann sich dann auswählen, was er einmal ausprobieren möchte.

Es ist mir wichtig, dass junge Menschen ihr Leben selbst in die Hand nehmen und sich nicht einfach treiben lassen, nicht in Wehleidigkeit und Selbstmitleid zerfließen, sondern eine Form finden, die in ihnen Energie weckt und sie in Form bringt. Rituale sind kein Trick, alle Probleme zu lösen. Aber sie geben dem jungen Menschen das Gefühl, dass sein Leben wertvoll ist. Es ist wert, gefeiert und geformt zu werden. Rituale geben das Gefühl, dass wir mehr sind als Rädchen im Getriebe dieser Welt. Wir sind einmalig. Wir haben göttliches Leben in uns. Und dieses Leben will gefeiert werden. Roger Schutz, der Prior von Taizé, zitiert immer wieder das Wort des heiligen Athanasius, dass der Auferstandene in uns ein unaufhörliches Fest feiern möchte. Die Rituale sind Ausdruck dieses unaufhörlichen Festes, weil wir dem Sog des Negativen entrissen sind und teilhaben an der Weite und Freiheit der Auferstehung.

Etwas, auf das ich mich täglich freuen kann
Anregungen für persönliche Rituale

Gehen Sie Ihren Tag einmal bewusst durch und beobachten sich dabei, welche Rituale Sie unbewusst befolgen, wie Sie den Tag beginnen, wie Sie zur Arbeit gehen, wie Sie die Pausen gestalten und wie Sie den Tag beschließen. Dann überlegen Sie sich, ob diese Rituale Ihnen gut tun oder nicht, ob Sie sie bewusst vollziehen, oder ob sie sich einfach so eingeschlichen haben.

Und dann fragen Sie sich: Welche Rituale täten mir gut? Worauf habe ich Lust? Wenn Sie daran gehen, Ihren Tag bewusster zu gestalten, ist es ganz wichtig, dass Sie sich nicht unter Leistungsdruck stellen und meinen, Sie müssten jetzt unbedingt viele Rituale in Ihren Tageslauf einbauen. Sie sollten sich nie vom schlechten Gewissen leiten lassen. Ich erlebe gerade bei geistlichen Menschen, dass sie immer ein schlechtes Gewissen haben, wenn sie nicht genügend geistliche Übungen verrichten. Sie sagen dann: »Eigentlich sollte ich den Tag mit einer stillen Zeit beginnen, eigentlich sollte ich das Stundengebet beten.« »Eigentlich« müssen wir gar nichts. Gott fordert von uns keine Rituale. Wir brauchen ihn nicht zufriedenzustellen, und wir brauchen auch uns selbst und unsern Ehrgeiz nicht zu beruhigen. Es geht vielmehr um die Frage, was uns gut tut und worauf wir Lust haben.

Natürlich brauchen Rituale auch Disziplin. Wenn ich im Tiefsten meines Herzens weiß, dass mir das Morgenritual der stillen Zeit gut tut, dann darf es nicht von meiner Lust und Laune abhängen, ob ich die stille Zeit einhalte oder nicht. Denn sonst geht es mir nicht gut damit. Es gibt ja das Sprichwort: »Der Weg zur Hölle ist mit guten Vorsätzen gepflastert.« Wenn ich mich für ein Ritual entschieden habe, dann muss ich es auch üben. Damit ich mich allerdings nicht damit versklave, kann der Ratschlag eine Hilfe sein, den Graf Dürckheim allen gegeben hat, die sich auf den Weg der Meditation eingelassen haben. Er meinte, es sei besser, einen Tag bewusst von der Meditation auszunehmen, als ständig mit schlechtem Gewissen seinen unerfüllten Vorsätzen nachzulaufen. Wenn ich jeden Morgen mit einer stillen Zeit beginne, dann kann es gut sein, einen Tag in der Woche bewusst anders anzufangen.

Die Verhaltenspsychologie sagt uns: Ob ich einen Vorsatz ausführe oder nicht, ist nicht Sache der Willensstärke, sondern der Klugheit. Ich muss klug überlegen, was für mich realistisch ist und worauf ich mich freuen kann. Wer morgens einfach nicht aus dem Bett kommt, weil er eher ein Abendmensch ist, für den hat es wenig Zweck, sein ganzes Leben lang gegen seine innere Natur zu kämpfen. Er sollte vielmehr überlegen, was er gerne tun würde.

Jeder sollte am Tag eine Zeit haben, auf die er sich freuen kann, in der er das Gefühl hat, dass die Zeit allein ihm und seinem Gott gehört, wo er ganz bei sich und bei Gott ist, frei von allen äußeren Verpflichtungen, frei von allen Erwartungen und Beurteilungen. Für den einen ist es der tägliche Spaziergang, für den andern das Nachhausekommen nach der Arbeit, für einen dritten die tägliche Dusche, unter der er alles abspült, was sich so an ihn gehängt hat. Ein Ritual, das ich mir aufzwinge, weil es für mich als Christen angemessen scheint, wird nicht lange durchtragen. Es muss für mich passen, und es muss mir Freude machen. Dabei muss ein Ritual nicht immer fromm sein. Ich muss nur das Gefühl haben, dass es mein ganz persönliches Ritual ist, etwas, auf das ich mich täglich freuen kann, ein Augenblick, in dem ich ganz ich selber bin, ganz frei, in dem ich reine Gegenwart bin, einverstanden mit mir und meinem Leben.

Vor einer Gefahr müssen wir uns in Bezug auf die Rituale hüten, vor der Gefahr, alles ritualisieren zu wollen. Das würde zur inneren Verkrampfung führen und alle Lebendigkeit und Spontaneität rauben. Jeder Menschentyp muss anders mit seinen Ritualen umgehen. Für den einen wird es ganz wichtig sein, sich konkrete Rituale zu erarbeiten. Für den andern dagegen ist es lebensnotwendig, dass er aus dem Gefängnis seiner eigenen Rituale ausbricht und es einfach genießt, im Augenblick zu sein. Für den einen wird es gut sein, den Morgen mit dem Stundengebet zu beginnen, wie es die Ordensgemeinschaften beten (Psalmen, Lesung, Hymnus und Fürbitten). Für den andern dagegen wäre das nur Ausdruck seines religiösen Leistungsdenkens. Er müsste lernen, einmal all die religiösen Formen zu lassen und einfach nur der Spur der größten Lebendigkeit zu folgen, der Spur, die ihn zum Leben führt. Das kann die Spur der Aufmerksamkeit und der Achtsamkeit sein, indem er ganz langsam spazieren geht und mit allen Sinnen den Wind und die Sonne wahrnimmt und sich daran freut.

Häufig erzählen mir Leute, dass sie jahrelang morgens das Stundengebet gebetet hätten. Aber in letzter Zeit gehe es einfach nicht mehr, sie hätten überhaupt keine Freude daran. Alles sei nur leer. Manche machen dann nach Exerzitien oder nach einem Meditationskurs wieder einen neuen Anlauf, um die vertraute Übung weiter zu pflegen. Das kann stimmig sein. Denn eine Übung braucht auch Treue. Aber wenn mir ein Ritual gar nichts mehr sagt, sollte ich mich auch fragen, ob es noch für mich angemessen ist, oder ob eine andere Form dran wäre, ob ich, statt Brevier zu beten, einfach still dasitzen oder ob ich stattdessen eine Zeitlang einfach ein gutes Buch lesen sollte. Man kann nicht sagen, dass man jede Form geistlichen Lebens durchtragen müsse, auch durch Zeiten der Dürre hindurch. Manchmal ist die Dürre auch ein Zeichen, dass etwas abgestorben ist und Neues wachsen möchte. Es braucht hier die Unterscheidung der Geister, um zu erspüren, was für den Einzelnen stimmt.

Jeder muss selbst ausprobieren, was ihn zum Leben führt, was ihn innerlich froh macht und ihn in Einklang bringt mit sich selbst. Dieser Spur soll er folgen. Entscheidend ist das Bewusstsein, dass es mein ureigenstes Ritual ist, mit dem ich den Tag beginne und beschließe, und dass ich mich darauf freue. Es ist Ausdruck dafür, dass ich mein eigenes Leben lebe, anstatt gelebt zu werden. Es ist ein Moment der Freiheit und Stimmigkeit. Und es ist ein Ritual, das mir das Gefühl gibt, dass mein Leben wertvoll ist und es wert ist, gefeiert zu werden.

Meine 86-jährige Mutter hat noch mit über achtzig Jahren einige Gebete auswendig gelernt, die sie im Gotteslob gefunden hat, ein Gebet für ihren verstorbenen Mann, ein Gebet für ihre Kinder und Enkelkinder und ein Gebet um den Geist der Geduld und Gelassenheit für ihr Alter. Es hat mich tief beeindruckt, als sie mir erzählte, wie sie diese Gebete jeden Morgen wiederholt. Diese vorformulierten Gebete helfen ihr, ihre eigenen Gefühle zum Ausdruck zu bringen. Und zugleich verändern sie auch ihre Gefühle. Anstatt über die Beschwerden ihres Alters zu jammern, vermitteln ihr diese Gebete das Gefühl, dass ihr Leben wertvoll ist und dass sie noch eine wichtige Aufgabe für ihre Großfamilie hat. Das Gebet für den verstorbenen Mann lässt sie dankbar zurückschauen auf die gemeinsame Zeit mit ihm. Und die andern Gebete erzeugen in ihr Zufriedenheit und Gelassenheit. Sie prägen ihre Gefühle am Morgen und lassen sie etwas von dem Geheimnis ahnen, jeden Morgen in Gottes Namen aufstehen und noch diesen einen Tag dankbar erleben zu dürfen. Tagsüber betet sie dann zwei bis drei Rosenkränze für ihre Kinder und Enkelkinder. Obwohl sie nur noch fünf Prozent Sehkraft hat, kann sie so doch sinnvoll ihren Tag verbringen. Gerade für ältere Menschen entscheiden die Rituale, ob sie in ihrem Alter Weisheit und Zufriedenheit lernen oder aber allen zur Last werden. Das Erlernen von vorformulierten Gebeten könnte dabei eine gute Hilfe sein, den Tag zu beginnen und zu beschließen.

III. Familienrituale

Begrüßungsrituale

Unser gemeinsames Leben ist von mehr Ritualen geprägt, als wir auf den ersten Blick vermuten. Da ist das ganz normale Begrüßungsritual, wenn jemand zu Besuch kommt. Rituale schaffen Gemeinschaft und Klarheit für das Miteinander. Wenn jemand in eine fremde Familie kommt, dann geben ihm die Rituale Sicherheit. Er fühlt sich zugehörig. Da gibt jeder in der Familie dem Eintretenden die Hand, man bietet ihm einen Stuhl an, setzt sich mit ihm zusammen und fragt, ob er etwas trinken möchte. So werden die ersten Minuten der Unsicherheit überwunden, und allmählich kann ein Gespräch entstehen. Ähnlich ist es beim Abschied. Da hilft man dem Gehenden in den Mantel, wünscht ihm alles Gute und versichert ihm, dass man sich über seinen Besuch sehr gefreut habe und dass er jederzeit willkommen sei. Wir sind uns oft gar nicht bewusst, dass so ein Besuch ritualisiert abläuft. Wir meinen, wir würden alles spontan entscheiden. Aber die Rituale geben sowohl der gastgebenden Familie als auch dem Besucher das Gefühl der Sicherheit und der Zugehörigkeit. Die Begrüßungsrituale haben also zwei Wirkungen: Sie nehmen uns die Angst, und sie schaffen Gemeinschaft. Sie erfüllen aber auch die andern Kriterien, die Erikson für Rituale aufgestellt hat. Sie sind praktisch und symbolisch. Sie lösen die konkreten Probleme, aber sie geben auch das Gefühl, dass Gastfreundschaft etwas Numinoses ist, dass – wie die frühen Christen wussten – in jedem Gast Christus selbst zu uns kommt. Sie schaffen das Gefühl von Zugehörigkeit, lassen dem Gast aber auch seine Andersartigkeit. Sie vereinnahmen ihn nicht. Sie sind spielerisch und zugleich formalisiert. Sie sind vertraut und sind doch immer auch offen für Überraschungen, die so ein Besuch mit sich bringt.

Wenn ich in eine Familie zu Besuch komme, spüre ich den Geist, der in so einer Familie herrscht, sofort an den gemeinsamen Ritualen, die sie kennt. Da gibt es Familien, in denen alles formlos ist. Da weiß man nicht, wo man dran ist. Da ist es zum Beispiel völlig ungewiss, wann es und ob es überhaupt etwas zu essen gibt. Da gibt es keine gemeinsamen Mahlzeiten. Da kommt und geht jeder, wann er möchte, ohne dem andern Bescheid zu sagen. In so einer Familie fühle ich mich nicht wohl. Bei andern gehört es zum Ritual, dass man gleich Kaffee oder Tee kocht, um sich mit dem Gast zusammenzusetzen. Oder aber man lädt ihn zum gemeinsamen Essen ein. Auch da nehme ich bewusst wahr, wie eine Familie das Mahl miteinander beginnt, ob da jeder sofort aus der Schüssel nimmt, oder ob man auf alle wartet und dann ein gemeinsames Gebet spricht und sich guten Appetit wünscht. Ich freue mich immer, wenn eine Familie ein Gespür für ihren eigenen Stil entwickelt hat. Da spüre ich, dass die bewussten Rituale der Familie einen guten Zusammenhalt geben, dass sie allen Sicherheit schenken und das Gefühl von Geborgenheit.

Beten

Ich kenne viele junge Ehepaare, die gerne zusammen beten oder meditieren möchten. Aber es fällt ihnen schwer. Keiner traut sich, sein Bedürfnis dem andern zu sagen, aus Angst, er könnte als zu fromm erscheinen, oder er würde nur längst überholte Rituale wiederholen. Für viele ist es zwar klar, dass sie an Gott glauben. Aber diesen Glauben auch gemeinsam auszudrücken in Ritualen, davor haben sie Scheu. Das wäre zu persönlich, zu intim. Aber es wäre gut, über seine Bedürfnisse zu reden, ohne den andern für sich vereinnahmen oder ihm ein schlechtes Gewissen einimpfen zu wollen. Wenn der Partner um das Bedürfnis des andern weiß, kann er ja erzählen, wie es ihm damit geht, was seine Wünsche wären und wo bei ihm da Angst hochkommt. Und dann könnte man überlegen, welche Rituale gemeinsam möglich wären. Da bedarf es der Klugheit.

Ich halte zum Beispiel ein gemeinsames Schweigen am Morgen für hilfreicher als gemeinsam bestimmte Gebete zu beten, die den andern vielleicht überfordern oder nicht seiner Sprache entsprechen. Das gemeinsame Schweigen lässt dem einzelnen genügend Raum, und es schafft eine intensive Atmosphäre von Gemeinsamkeit.

Wenn beide gemeinsam meditieren, dann ist die Meditation nicht mehr Privatsache des Einzelnen, sondern Verpflichtung dem andern gegenüber. Aber zugleich kann jeder seine eigene Methode praktizieren, ohne sich vom andern vereinnahmen zu lassen.

Wenn man nach gemeinsamen Gebeten sucht, dann

halte ich vorgeformte Gebete für angemessen. Sie befreien uns von dem Zwang, immer unsere innersten Gefühle sagen zu müssen. Und zugleich bieten sie Worte an, in denen wir doch die gemeinsamen Erfahrungen des Tages voreinander ausdrücken können. Wenn ein Ehepaar zum Beispiel ein Vaterunser miteinander betet, dann können die Worte »Vergib uns unsere Schuld, wie auch wir vergeben unseren Schuldigern« die angespannte Atmosphäre zwischen ihnen wieder reinigen, ohne dass einer klein beigeben oder alle Schuld auf sich nehmen müsste. Vor allem die Psalmen wären eine gute Möglichkeit, die Erfahrungen des Alltags gemeinsam vor Gott zu bringen. Da die Psalmen eine bildhafte Sprache haben, ermöglichen sie es, unsere eigenen Gefühle, unsere Bedrängnisse und Nöte, unsere Freuden und Hoffnungen und unsere Sehnsucht vor Gott zum Ausdruck zu bringen.

Das Tischgebet

In vielen Familien ist das Tischgebet zum Streitobjekt geworden. Die Jugendlichen protestieren dagegen, weil es nur noch äußerlich vollzogen wird. Sicher braucht es auch einen Konsens, wie man die Mahlzeiten miteinander beginnen möchte. Man muss darüber reden, welche Gebete noch stimmig sind, oder ob man lieber einige Augenblicke still sein möchte, um dankbar auf die Gaben zu schauen, die Gott uns schenkt. Das Tischgebet ist sicher nicht der Höhepunkt des Betens. Da geht es auch nicht in erster Linie um Frömmigkeit, um meine persönliche Beziehung zu Gott oder um eine Gewissensfrage. Es ist vielmehr auch eine Frage der Essenskultur und einer Kultur des Miteinanders. Daher sollten Eltern nicht bei der ersten Kritik klein beigeben, sondern sich vielmehr mit den Kindern darüber unterhalten, was ihnen das gemeinsame Tischgebet bedeutet und in welchen Zusammenhang es die Familienmahlzeiten stellt. Ein Ritual muss immer wieder bedacht werden. Wenn es aber einmal abgeschafft ist, kann man es kaum wieder einführen.

In meiner Familie war es üblich, dass die Mutter das Brot, das sie anschnitt, mit dem Kreuz bezeichnete. Und ich kenne viele junge Ehepaare, die dieses schon im ersten Jahrhundert übliche Ritual heute wieder praktizieren. Es gibt das Gefühl, dass alles, was sie dankbar genießen dürfen, von Gott stammt und Gott gehört und dass alle alltäglichen Dinge unter dem Segen Gottes stehen. Und wenn sie das Brot selbst backen, dann ritzen sie bewusst ein Kreuz in den Brotteig. Solche Rituale sind nicht einfach Nostalgie, sondern sie vermitteln das Gefühl, dass es nicht selbstverständlich ist, genügend zu essen zu haben, dass alle Gaben der Schöpfung heilige Gaben sind, geheiligt durch die in Jesus Christus menschgewordene Liebe, die sich im Zeichen des Kreuzes ausdrückt. Durch so ein Ritual werden die alltäglichen Dinge zum Zeichen der Liebe Gottes, die uns in ihnen berührt und die uns segnet.

Das Essen selbst ritualisieren

Das Tischgebet ist nicht das einzige Ritual bei den Mahlzeiten. Es kommt auch auf den Stil an, wie eine Familie miteinander oder wie ein Einzelner für sich selbst isst. Heute leiden immer mehr Menschen unter Essproblemen. Es gibt auch verschiedene therapeutische Ansätze, um mit dem süchtigen Verhalten beim Essen umzugehen. Ein Ansatz besteht darin, das Essen zu ritualisieren. Wenn ich bewusst langsam esse und die Gaben Gottes genieße, werde ich nicht in mich hineinschlingen. Erzieher im Internat klagen oft darüber, dass die Mahlzeiten mit den Schülern zu einem Kampf um die besten Speisen werden. Da hat jeder Angst, zu kurz zu kommen. Da können Rituale für die Verteilung der verschiedenen Gerichte hilfreich sein. Ich weiß von vielen, die Essprobleme hatten, dass sie sich abends mit wenig Speisen begnügen, vielleicht nur mit Joghurt und einem Apfel. Aber das zelebrieren sie so, dass sie Freude daran haben und gar nicht auf die Idee kommen, möglichst viel in sich hineinzuessen.

Auch die Zeit nach den Mahlzeiten ist in vielen Familien ritualisiert. Da gibt es das Ritual, gemeinsam abzutragen und zu spülen und dann noch mit den Kindern zu spielen oder spazieren zu gehen. In andern Familien gibt es nur noch das Ritual des Fernsehens. Wenn die Kinder nicht wissen, was sie tun sollen, wenn die Eltern sie nicht in einer guten Weise in ihre Rituale einbinden können, etwa in das Ritual eines gemeinsamen Spieles, dann verbringen sie ihre Zeit halt vor dem Fernseher. Aber das ist kein bewusstes Ritual mehr, sondern nur noch ein Lückenbüßer für verlorengegangene Rituale. Es schafft Passivität und letztlich Aggressivität. Denn man hat ja keinen Raum mehr, in dem man seine Aggressionen auf positive Weise ausleben kann, wie etwa beim gemeinsamen Spiel.

Rituale zum Zu-Bett-Gehen

Gerade wenn die Kinder noch klein sind, vermitteln ihnen immer gleiche Rituale das Gefühl der Sicherheit und Geborgenheit. Viele Mütter und Väter lesen dem Kind noch ein Märchen oder eine kleine Geschichte vor oder sie beten mit den Kindern, danken für das, was sie an Schönem erlebt haben, und bitten um Gottes Schutz für die Nacht. Viele drücken ihr Gebet auch mit einer Gebärde aus, etwa indem sie dem Kind ein Kreuz auf die Stirne zeichnen. Das Kreuz war seit jeher ein Schutzzeichen, das alles Böse und Dunkle bannen soll. Wenn die Kinder Angst haben vor dem Einschlafen und vor den Träumen, die sie nachts oft verfolgen, dann kann so ein Schutzzeichen diese Angst nehmen. Andere legen dem Kind die Hand auf den Kopf und beten still dabei. Die Gebärde der Handauflegung schenkt dem Kind das Gefühl von Sicherheit und Geborgenheit.

Manchmal erzählen Kinder, dass sie Angst haben vor dem Wolf, der nachts durch das Fenster kommt. Es hat dann keinen Zweck, das alles als Unsinn abzutun. Horst

Kämpfer berichtet von einem Vater, der mit dem Kind gemeinsam überlegt, was sie gegen diesen Wolf tun sollen, der durch das Fenster kommt. »Sie entscheiden sich schließlich, ein großes Plakat zu malen, das an das Fenster gehängt wird: Hier haben Wölfe keinen Zutritt; Unterschrift: Vater und Sohn.«[32] Die Bilderwelt der Kinder muss ernst genommen werden. Und man kann darauf am besten durch die religiösen Bilder antworten, wie unsere Gebete sie kennen, etwa den Schutzengel, oder eben durch die Bilderwelt der Märchen, wie es der Vater im zitierten Beispiel getan hat.

Ein Abschiedsritual

Mich hat es immer tief beeindruckt, wenn mir mein Vater nach den Ferien, wenn ich zurück ins Internat musste, ein Kreuz auf die Stirne zeichnete. Das war seine Weise, Abschied zu nehmen und sein Gefühl von Zuwendung zu zeigen. Er drückte damit aus, dass ich unter dem Schutz Gottes stand und dass mich seine Gebete auf meinem Weg begleiteten. Mein Vater tat sich sonst eher schwer, Gefühle zu zeigen. Das Ritual bot ihm die Möglichkeit, sein Gefühl mir gegenüber auszudrücken. Deshalb war das immer etwas Besonderes. Es gab mir die Gewissheit, für meinen Vater wichtig zu sein und ganz zu dieser Familie zu gehören, auch wenn ich jetzt weit weg war von daheim. Rituale bieten uns einen Ort an, an dem wir Gefühle zueinander ausdrücken können, vor denen wir uns sonst oft genieren. Sie schaffen das Gefühl der Zugehörigkeit, wie Erikson es dargestellt hat, und zugleich das Gespür für das Numinose, für das Geheimnis unseres Lebens, das von Gott getragen und durchdrungen ist.

Die Kirchenjahresfeste

In unserer Familie wurden die Feste des Kirchenjahres immer sehr intensiv gefeiert. Da gab es auch ganz bestimmte Rituale. In der Adventszeit war es das Ritual des Adventskalenders, an dem man Tag für Tag ein Fenster öffnete. Oder es gab das Ritual, schon früh aufzustehen und in das Rorate-Amt zu gehen, das damals mit besonders vielen Kerzen gefeiert wurde. Obwohl wir Kinder sonst nicht gerne früh aufstanden, hatten diese Rorate-Ämter (der Name kommt vom Eingangslied der Adventsmesse: rorate coeli = tauet Himmel) etwas Geheimnisvolles, und wir gingen gerne dorthin. Weihnachten war durch viele gemeinsame Rituale geprägt, durch die Feier am Heiligabend, bei der der Vater das Evangelium vorlas, durch das gemeinsame Singen am Christbaum, durch die Häuserweihe an Dreikönig, an dem wir unser Haus überall mit Weihrauchduft erfüllten. In der Fastenzeit gab es das Ritual, dass wir alle Süßigkeiten, die wir geschenkt bekamen, sammelten, um sie erst an Ostern anzurühren. Diese Rituale gaben dem Jahr ihr eigenes Gepräge. Jede Jahreszeit hatte ihre besondere Bedeutung. So war das ganze Leben vom Geheimnis durchwaltet. Das gab unserem Leben Sinn, das Gefühl von Transzendenz, von Würde, von göttlichem Wert.

Nachdem viele Familienrituale verloren gegangen sind, ist heute wieder ein neues Gespür dafür erwacht, wie man gemeinsame Familienrituale praktizieren kann. Vor allem im Hinblick auf die Feste des Kirchenjahres gibt es viele Versuche, sie wieder bewusster zu feiern. In manchen Familien ist es üblich, im Mai einen kleinen Maialtar aufzubauen, an dem man Marienlieder singt. Für das Fest Mariä Himmelfahrt am 15. August sammeln viele Familien Heilkräuter und schöne Blumen, um kunstvolle Kräuterbüschel zu flechten, die in der Kirche geweiht werden. Sie drücken das Geheimnis dieses Festes aus: Unser Leib ist wertvoll, er wird in der Auferstehung verwandelt werden und wir werden mit Leib und Seele zu Gott kommen. Gottes Schöpfung ist gut, sie hält heilende Kräfte für uns bereit. Das gemeinsame Sammeln von Heilkräutern schafft nicht nur Gemeinschaft. Die Kinder lernen dabei auch, die Pflanzen genauer zu betrachten und zu unterscheiden, welche Kräuter wofür gut sind. Solche Rituale haben auch die Funktion der Wissensvermittlung, und sie weisen ein in einen anderen Umgang mit der Natur.

Natürlich gibt es in Familien auch genügend Beispiele für Rituale, die nicht mehr stimmen, die leer geworden sind. Vor allem an Weihnachten gibt es da oft genug Streit. Da werden jährlich irgendwelche Rituale wiederholt, oft genug aus dem unbewussten Gefühl heraus, sonst könnte etwas Schlimmes passieren. Dann haben die Rituale nur noch eine magische Funktion und kommen dem Aberglauben nahe. Manchmal möchte man mit den Ritualen auch die schönen Gefühle der Kinderzeit wieder herholen. Aber wenn die Rituale leer geworden und wenn sie nicht mehr vom Glauben an das, was sie ausdrücken, erfüllt sind, dann bewirken sie gerade das Gegenteil, dann decken sie die innere Leere und die Verzweiflung auf, die unbewusst auf dem Grund mancher Seele schlummern. Deshalb hat es keinen Zweck, Rituale nur durchzuführen, weil es schon immer so war, oder um ein bestimmtes Gefühl zu erzeugen. Das muss scheitern. Rituale können nur Sinn vermitteln, wenn man an das glaubt, worauf sie hinweisen. Aber der Glaube, den Rituale vermitteln, ist kein dogmatischer Glaube, in dem wir alles für wahr halten müssen, was die Kirche sagt. Er ist vielmehr ein viel grundlegenderer Glaube, der Glaube an den Gott, der uns trägt und der Grund unseres Miteinanders ist, an den Gott, der uns in den Ritualen greifbar nahekommt, der erfahren werden möchte als der barmherzige und segnende Gott, als die Quelle unserer Liebe und unseres Lebens.

Eine Frage der Atmosphäre
Anregungen für Familienrituale

Beobachten Sie zuerst einmal, welche gemeinsamen Rituale Ihre Familie kennt. Vielleicht üben Sie diese Rituale schon bewusst, vielleicht haben Sie sich unbewusst einfach daran gewöhnt. Was bewirken diese Rituale bei Ihnen? Fühlen Sie sich wohl dabei, oder haben Sie das Gefühl, dass sie nicht mehr stimmen, dass sie nur noch leere Riten sind, die Sie tun, um ihre unbewussten Ängste zu besänftigen? Und dann überlegen Sie, welche gemeinsamen Rituale Ihnen gut täten und wie Sie sie so gestalten könnten, dass sie stimmig sind:

Beginnt jeder den Morgen für sich? Wie begrüßen Sie sich am Morgen? Welche Formen des gemeinsamen Betens oder Meditieren wären für Sie möglich, und auf welche würden Sie sich freuen? Es hat keinen Zweck, etwas einführen zu wollen, das mit dem gemeinsamen Leben nicht übereinstimmt. Man muss sehr behutsam mit gemeinsamen Ritualen umgehen. Denn sie berühren ja immer auch den andern. Und dem darf ich nichts überstülpen. Ich kann nur mein Bedürfnis äußern, aber ich darf den andern nicht überfordern mit meinen Formen. Gerade Rituale sind immer auch besetzt mit ganz bestimmten Erinnerungen. Ein Ritual kann noch so gut sein, aber wenn es in meiner Familie ein Zwangsritual war oder wenn es mich erinnert an die Unaufrichtigkeit des Vaters oder das Angepasstsein der Mutter, dann sind die Aversionen gegen so ein Ritual so groß, dass es keinen Zweck hat, es gemeinsam zu üben.

Rituale in der Familie müssen natürlich auch dem Alter der Kinder angepasst sein. Solange die Kinder klein sind, ist es ganz wichtig, die immer gleichen Rituale zu vollziehen. Aber zugleich muss man auch sensibel dafür sein, wieweit diese Rituale für die größer werdenden Kinder noch stimmen, wieweit sie verändert oder ganz gelassen werden sollten. So wird man etwa die Geburtstage und Namenstage der Eltern und Kinder je nach Alter anders feiern müssen. Die Rituale solcher Familienfeiern sagen viel aus über das Zusammenleben einer Familie. Sie könnten eine Hilfe sein, Gefühle zueinander zu äußern, die sonst kaum einmal Ausdruck finden.

Geburtstage

In vielen Familien werden die jährlichen Geburts- und Namenstage kaum mehr gefeiert, oder höchstens dadurch, dass es ein Geschenk gibt. Aber gerade an solchen Tagen könnten klare Rituale helfen, den Wert des Einzelnen und die Verbundenheit mit der Familie auszudrücken. Da viele sich schwertun, ihre Gefühle angemessen zum Ausdruck zu bringen, hier ein Beispiel für ein Gebet, mit dem Sie das gemeinsame Frühstück beginnen können:

»Barmherziger und guter Gott.
Wir feiern heute den Geburtstag/Namenstag von ...
Wir danken dir, dass du uns ... geschenkt hast.
Wir danken dir dafür, dass er/sie unsere Familie mit seiner/ihrer Art zu leben bereichert,
und er/sie etwas in unser Miteinander einbringt, was er/sie allein vermitteln kann.
Wir danken dir für das vergangene Jahr, für alles, was in ihm/ihr in dieser Zeit gewachsen ist.
Wir bitten dich für ..., dass du ihn/sie im kommenden Jahr beschützen und begleiten mögest, damit wir alle uns an ihm/ihr freuen dürfen.

Und wir bitten dich auch für uns, dass wir ihm/ihr
gerecht werden
und gut hinhören, was du uns durch ihn/sie sagen möch-
test.«

Das Entscheidende an solchen Familienritualen ist einmal
die Zeit, die man bewusst miteinander und füreinander
investiert, und zum andern die Möglichkeit, seine Gefühle
in einer guten Weise zum Ausdruck zu bringen. Es wäre
eine lohnende Aufgabe, dass die Familie selbst ein Gebet
verfasst, das sie am Geburtstag oder Namenstag eines
ihrer Mitglieder vorbetet. Es könnte jedes Jahr und bei
jedem das gleiche Gebet sein. Noch besser wäre es, wenn
man zur Vorbereitung dieser Tage in jedem Jahr neu überlegt, welches Gebet heute diesem Kind, dem Vater oder
der Mutter entsprechen würde und es dann neu formuliert.

Gerade bei runden Geburtstagen wäre die Phantasie der
Familienmitglieder gefragt. Dabei geht es nicht um teures
Essen, sondern um den Stil des Feierns. So könnte zum
Beispiel beim 70. Geburtstag des Vaters oder der Mutter
jedes der Geschwister etwas dazu beitragen, was es mit
dem Vater oder der Mutter verbindet, was es von ihnen
übernommen hat, wofür es dankbar ist und woran es sich
gerne erinnert. Wo es möglich ist, kann man wichtige
Geburtstage auch mit einem Gottesdienst feiern oder mit
einer häuslichen Liturgie, in der man im Gebet seine
Gedanken und Gefühle der Dankbarkeit und seine Wünsche ausdrücken kann. Es braucht Rituale, um solche persönlichen Worte im Kreis der Familie sagen zu können.
Wo aber das einzige Ritual darin besteht, in eine mondäne
Gastwirtschaft zu gehen, da verkümmert das Miteinander.

Wenn die Kinder in die Pubertät kommen, könnten ihnen Rituale helfen. In andern Völkern gibt es die Initiationsrituale. In Afrika zum Beispiel werden die Jungen in den Busch geführt und in die Geheimnisse des Erwachsenwerdens eingeführt. Dabei werden sie beschnitten. Bei uns hat die Firmung beziehungsweise die Konfirmation diese Rolle übernommen. Aber es wäre auch wichtig, dass die Familie intern Wege findet, den Beginn der Lehre, den Abschluss der Schule, den Auszug von daheim, den Beginn des Studiums in einem eigenen Ritual bewusst zu feiern. Einfach nur in eine andere Stadt zu fahren, um sich für die Zeit des Studiums ein Zimmer zu suchen, wird dem inneren Umbruch, der da in dem jungen Menschen stattfindet, nicht gerecht. So könnte man sich bewusst zu einem festlichen Abschiedsmahl zusammensetzen, bei dem das ausziehende Kind nochmals erzählt, was ihm in dieser Familie wichtig war. Und dann könnten die Eltern und Geschwister erzählen, was sie mit dem Ausziehenden verbindet, welche Erinnerungen da in ihnen hochkommen, woran sie sich gerne erinnern und was ihnen schwerfiel im Umgang mit ihm, was sie jetzt loslassen möchten, damit Neues wachsen kann. Oder man kann gemeinsam zu einer kleinen Wallfahrtskirche oder Kapelle wandern, um den Segen für den Auszug beten und dann den Tag mit einem gemeinsamen Essen beschließen.

Ein neues Ritual für den Pensionär

Von älteren Ehepaaren höre ich immer wieder, wie das Zusammenleben nach der Pension oft sehr schwierig wird. Solange der Mann arbeitete, hatte er seine festen Rituale. Jetzt wissen Pensionäre oft nichts mit sich anzufangen. Sie sitzen der Frau in der Küche herum und kritisieren an ihrer Arbeit herum. Das erzeugt oft Spannungen und Konflikte. Ein älteres Ehepaar erzählte mir, wie sie nach der Pensionierung des Mannes bewusst miteinander Rituale ausprobiert und gefunden haben, die ihnen guttun. Da meditieren sie zuerst gemeinsam. Dann frühstücken sie in aller Ruhe miteinander. Dann geht jeder auf sein Zimmer, um für sich zu sein. Dann erst werden die Arbeiten verteilt. So hat jeder genügend Raum für sich, und es ist auch ein gutes Miteinander. Wenn Pensionäre ihre Zeit nicht bewusst strukturieren, werden sie oft für den Ehepartner eine Last. Daher wäre es gerade für sie eine wichtige Aufgabe, nach neuen Ritualen zu suchen, die für ihren persönlichen Lebensabend passen und die ihnen Freude an der ihnen nun neu geschenkten Zeit vermitteln.

Das Kirchenjahr in der Familie

Wie gestalten Sie das Kirchenjahr? Haben Sie für die Adventszeit Rituale gefunden? Sie könnten überlegen, ob Sie nicht jeden Adventssonntag bewusst beginnen, indem Sie gemeinsam die nächste Adventskerze anzünden und dazu zum Beispiel das Evangelium vom

Adventssonntag vorlesen oder einen anderen adventlichen Text. Und Sie könnten gemeinsam Adventslieder dazu singen.

Stimmen die Rituale noch, mit denen Sie Weihnachten feiern? Zur Vorbereitung von Weihnachten gehört nicht nur, dass man Geschenke einkauft, sondern sich auch gemeinsam überlegt, wie man den Heiligen Abend begehen möchte, wie man die häusliche Liturgie um den Christbaum und die Krippe so gestalten könnte, dass alle Familienmitglieder etwas dazu beitragen.

Wie feiern Sie den Jahreswechsel? Die vielen Jugendlichen, die zu unseren Silvesterkursen kommen, zeigen, dass sie nicht mehr zufrieden sind mit der Art und Weise, wie daheim der Jahreswechsel begangen wird. Eine Möglichkeit wäre, bewusst Rückschau zu halten, was im vergangenen Jahr innerhalb der Familie erlebt worden ist. Man könnte das still machen, indem jeder ein Bild malt, um die vergangenen zwölf Monate für sich und für die andern darzustellen. Man könnte es einander auch erzählen. Dann wäre es gut, diesen Rückblick damit zu beschließen, dass man das vergangene Jahr bewusst Gott hinhält und Gott übergibt.

Bei einem Silvesterkurs habe ich den Teilnehmern in meiner Schweigegruppe ein Ritual angeboten, mit dem sie das vergangene Jahr Gott übergeben konnten. Und es war erstaunlich, wie intensiv sie sich darauf eingelassen haben. Jeder, der wollte, konnte vor die Christusikone treten und in der Gebärde der offenen Hände langsam die feste Formel sagen:

»Jesus Christus, ich lege die Frucht des vergangenen Jahres vor dich hin.

Ich danke dir für das, was gewachsen ist.

Ich bitte um Vergebung, wo ich aus Angst nicht gelebt habe.

Ich vertraue darauf, dass du das neue Jahr segnest.«

Vorformulierte Worte helfen, die eigenen Gefühle vor Gott und vor den andern auszudrücken. So eine Formulierung könnte man ja bewusst vorher besprechen, um die Worte zu finden, die für alle stimmen und der jeweiligen Gefühlslage gerecht werden. Das gemeinsame Finden solcher Worte kann schon ein intensiver Prozess werden und der Auseinandersetzung mit sich und dem vergangenen Jahr dienen.

Rituale der Trauer

Heilende Rituale sind vor allem in schwierigen Situationen des Familienlebens wichtig, etwa wenn es offene Konflikte gibt oder bei einem Trauerfall. Da geht es nicht nur um die Gestaltung der offiziellen Liturgie, sondern auch um die Rituale innerhalb der Familie. Wie nehmen wir im Kreis der Familie Abschied von der verstorbenen Großmutter oder von dem tödlich verunglückten Sohn? In vielen Familien wird nicht über den Verstorbenen gesprochen. Da wird alles tabuisiert. Viele Therapeuten müssen sich dann Jahre später um die übersprungene Trauer kümmern. Denn wenn in einer Familie nicht gemeinsam getrauert werden kann, frisst sich die verdrängte Trauer in der Seele fest. In vielen Familien war es einst üblich, für den Verstorbenen einen Rosenkranz zu beten. Da saß man bewusst wegen des Verstorbenen zusammen und dachte gemeinsam über ihn im Gebet nach, auch wenn man die Erinnerungen an ihn nicht austauschte. Aber manchmal entstand dann nach dem gemeinsamen Rosenkranz auch ein gutes Gespräch, in dem man ausdrücken konnte, was einem der Verstorbene bedeutet hatte.

IV. GEMEINSCHAFT STIFTENDE UND ORDNENDE RITUALE

Im öffentlichen Leben gibt es mehr Rituale, als man auf den ersten Blick meint. Rituale werden immer dann eingesetzt, wenn eine Gemeinschaft zwischen Fremden entstehen oder wenn eine gute Beziehung aufkommen soll zwischen Menschen, die sich das erste Mal sehen. Wenn ein Referent einen Vortrag hält, dann wird er vorher vom Gastgeber begrüßt. Und nach dem Vortrag bedankt sich der Hausherr für den Vortrag und lädt alle ein, sich an der Aussprache zu beteiligen. So ein Begrüßungsritual schafft Klarheit.

Unternehmenskultur

Ritualisiert sind im Berufsleben die Kundengespräche, die Vertreterbesuche, die Beratung am Bankschalter oder im Kaufhaus, das Zahlen an der Kasse. Überall gibt es gleiche Abläufe des Tuns, die das Miteinander vereinfachen und klären. Eine gute Firma legt heute großen Wert darauf, wie sie mit den Kunden umgeht und welchen Umgangsstil sie innerhalb der Firma pflegt. Das gehört zur Unternehmenskultur. Manche Firmen möchten sich bewusst vom üblichen Umgangsstil unterscheiden und schaffen für sich neue Formen, wie sie mit dem Kunden sprechen, was sie ihm anbieten, was sie ihm zum Abschied als Erinnerungszeichen schenken. Das gibt der Firma ein Wir-Gefühl und schafft für die Kunden eine Atmosphäre von Vertrautsein, Angenommensein, Wertsein.

Aber nicht nur der Umgang mit den Kunden ist für das Betriebsklima einer Firma wichtig, sondern auch die Rituale, die eine Firma für den Umgang miteinander entwickelt, etwa für gemeinsame Betriebsausflüge, für die Feier von Geburtstagen oder bestandenen Prüfungen, für die Gestaltung der Pausen und so weiter. Die Angestellten merken sofort, ob man sie nur phantasielos mit Geld abspeist, oder ob man da mit viel Liebe Formen findet, die allen gut tun.

Schule und Ritual

Der Direktor einer Schule, der auf gute Umgangsformen und Rituale großen Wert legt, erzählte mir, dass er eine Schulklasse im Landschulheim besucht habe. Das Essen war eine einzige Katastrophe. Da kämpfte jeder darum, möglichst viel zu bekommen. Da gab es keinen gemeinsamen Anfang und keinen Abschluss. Alles war Chaos. Der Direktor stellte den Lehrer zur Rede. Er verlange, dass er die Mahlzeit gemeinsam beginne, entweder mit einem Lied oder einem Tischgebet oder mit einer kurzen Stille. Er ist davon überzeugt, dass die Schulen heute eine wichtige Aufgabe darin hätten, den jungen Menschen wieder gute Rituale zu vermitteln. Denn viele leiden heute unter der Formlosigkeit, die in manchen Familien herrscht. Sie fallen auseinander, weil sie keine guten Formen entwickelt haben. Sie wissen nicht, wer sie sind. Alles wird gleichgültig, die Menschen, die Sachen, die Schulstunden, die Mahlzeiten. Es gibt nichts mehr, auf das man sich freuen könnte, weil alles gleich formlos und chaotisch ist. Durch gesunde Rituale kann eine Schule heilend auf die Schüler wirken. Der Direktor erzählte mir auch, dass er einen Referendar in einer fremden Schule besucht habe. Da sei schon der Schulbau hässlich und lieblos gewesen. Genauso waren dann auch die Umgangsformen. Er hatte Mühe, sich durch das Schülergewirr überhaupt durchzuwühlen, ohne ständig angerempelt zu werden. Die Formlosigkeit des Gebäudes führte zur Formlosigkeit im Umgang miteinander, zur Brutalität im Umgang mit Personen und Sachen.

Meine Schwester erzählte mir, dass der neue Direktor den schlechten Ruf des Gymnasiums, in das sie ihre Kinder schickte, in kurzer Zeit verbessern konnte. Er verlangte, dass die Kinder zu den Schulfeiern gut angezogen kämen. Anfangs gab es natürlich Proteste. Doch dann setzte es sich durch. Die Schüler selbst fanden Gefallen daran. Die Schulfeiern wurden etwas Besonderes, auf das man sich freute. Auch hier zeigt sich, dass die Rituale nicht nur Klarheit stiften und Gemeinschaft schaffen, sondern dass sie auch Lust am Leben vermitteln. Eine Feier, die stillos ist, zieht die Schüler nicht an. Wenn die Feier sich durch ihre Rituale heraushebt aus dem Alltag, wenn sie mit Phantasie gestaltet wird, dann spüren die Schüler, dass ihr Leben mehr ist, als nur zu lernen und benotet zu werden, dass sie selbst einen Wert haben und dass es Spass macht, miteinander zu feiern.

Wie eine Schule ihr Schulfest feiert, wie sie die Abiturienten verabschiedet, wie sie die Neuanfänger der 5. Klasse empfängt, das prägt das Klima einer Schule. Und das wirkt sich auch auf den Umgang der Schüler daheim in ihren Familien aus. Das regt ihre Phantasie an, auch für sich selbst Formen zu finden, die ihnen gut tun. Rituale zeigen, dass nichts in unserem Leben selbstverständlich ist, dass es Augenblicke gibt, die besonders hervorgehoben werden müssen, weil da etwas Neues in unser Leben einbricht, weil da Gott uns neue Chancen und Möglichkeiten schenkt. Rituale geben uns das Gefühl, dass unser Leben wertvoll ist, dass sich Menschen unseretwegen Gedanken machen und Zeit investieren, um das Zusammensein mit uns bewusst zu feiern. Das allein schenkt das Gefühl von Angenommensein, Ernstgenommenwerden, von Würde und Reichtum des menschlichen Lebens.

Rituale in Jugendgruppen

Zu Jugendkursen kommen zwischen 200 und 300 Jugendliche in die Abtei Münsterschwarzach. Wir beginnen jede Mahlzeit mit einem Kanon und beschließen sie wieder mit einem gemeinsamen Lied. Ohne dieses Singen wären die Mahlzeiten nur ein Abfüttern, und in diesem Chaos würde sich keiner wohl fühlen. Formen strukturieren die große Gemeinschaft und vermitteln allmählich ein Gefühl der Verbundenheit. In unsern Kursen haben wir auch verschiedene Rituale, die wiederkehren. So ist es Tradition, dass wir am Silvesternachmittag schweigend nach Dimbach, einem kleinen Wallfahrtsort etwa fünf Kilometer von der Abtei entfernt, wandern, um aus dem alten Jahr auszuwandern. Die Silvesternacht wird mit einem gemeinsamen Gottesdienst gefeiert, der immer eine ähnliche Struktur hat, jedoch auch genügend Raum für Kreativität und Spontaneität lässt. Diese festen Rituale sparen uns Kursleitern Energie. Wir müssen nicht jedesmal von vorne anfangen, um einen Kurs zu planen. Und wir brauchen uns nicht unter Druck zu setzen, jedesmal originell sein zu müssen. Und die Rituale geben den Teilnehmern ein Gefühl von Sicherheit. Sie bewirken, dass in kurzer Zeit aus den 300 jungen Menschen, die aus ganz Deutschland kommen und einander kaum kennen, eine Gemeinschaft entsteht.

Heute verzeichnen diejenigen Vereine und Jugendgruppen regen Zulauf, die Wert legen auf gemeinsame Rituale. Bei den Jugendgruppen sind die am begehrtesten, die den Jugendlichen ihre Rituale zumuten. Die Pfadfinder haben zum Beispiel noch wesentlich mehr Rituale als manche Pfarrjugend, bei der das Zusammenkommen manchmal nur noch im gemeinsamen Biertrinken besteht. Rituale schenken einer Gruppe ein Gefühl der Identität. Die Pfadfinder unterscheiden sich eben von andern Jugendgruppen durch ihre Rituale, durch ihren Umgang mit der Natur, durch ihre Feiern und Fahrten. Natürlich müssen diese Rituale immer wieder neu bedacht werden, damit sie nicht leer werden. Aber wo es überhaupt keine Rituale gibt, wird eine Gruppe wohl kaum auf Dauer zusammenwachsen und Freude aneinander finden. So haben etwa Rotary- und Lionsclubs ihre festen Formen gefunden, die den Zusammenkünften eine gute Struktur geben und den Teilnehmern Sicherheit.

Phantasie ist gefragt
Anregungen für Gemeinschafts-Rituale

Wohl jeder ist neben seiner Familie eingebunden in andere Gruppierungen, in die Gemeinschaft einer Schule, einer Behörde, einer Firma, eines Vereins, einer Jugendgruppe. In welchen Vereinen und Gruppen fühlen Sie sich am wohlsten? Was bewirkt dieses Gefühl? Sind es nur die Menschen, die Ihnen sympathisch sind, oder auch die Formen des Miteinanders? Welche Rituale herrschen dort? Welche gehen Ihnen auf die Nerven, und welche schaffen ein Wir-Gefühl, ein Gefühl von Sicherheit, Heimat und Geborgenheit?

Wo können Sie aber auch selbst dazu beitragen, dass Sie in Ihrer Firma, in Ihrer Schule, in Ihrem Verein Rituale entwickeln, die Ihnen Spass machen, die anderen Menschen vermitteln, dass sie wichtig sind, dass Sie gerne mit ihnen zusammen sind, dass unser Miteinander es wert ist, gefeiert zu werden? Vergleichen Sie Ihre Firma oder Gruppe mit andern Firmen. Was fasziniert Sie bei andern Gemeinschaften?

Wenn Sie über die Formen des Miteinanders nachgedacht und sie bei Ihrer eigenen und bei fremden Gruppen bewusst beobachtet haben, ist es wichtig, nach Wegen zu suchen, wie Sie in Ihrer Gruppe bewusster Rituale entwickeln können. Dabei geht es einmal um die alltäglichen Rituale, wie man sich in einer Firma begrüßt, wie man miteinander umgeht, wie man die täglichen Pausen, das gemeinsame Kaffeetrinken gestaltet und so weiter. Dann aber geht es auch um die Betriebsfeiern, um die Feier der Geburtstage, um die Ehrung der Mitarbeiter, um die Feier der Feste des Kirchenjahres. In manchen Betrieben ist die Weihnachtsfeier zu einer Horrorfeier verkommen. Jeder spürt, dass es so nicht stimmt, aber keiner traut sich, die Feier entweder abzuschaffen oder neu zu gestalten.

Als Cellerar (Ökonom, Verwalter) der Abtei habe ich vor knapp zwanzig Jahren eine Feier für Mitarbeiter eingeführt, bei der alle Mitarbeiter geehrt werden, die zehn, fünfundzwanzig oder vierzig Jahre bei uns sind. Wir mussten erst Formen finden, wie diese Ehrung sinnvoll gefeiert werden kann. Anfangs ehrte ich jeden Mitarbeiter und jede Mitarbeiterin mit persönlichen Dankesworten. Aber ich spürte, wie daraus schnell Floskeln wurden, weil ich jedesmal ähnliches ansprechen musste. In den letzten Jahren beauftrage ich jede Abteilung (zum Beispiel Schule, Druckerei, Gästehaus, Küche usw.), sich selbst Gedanken zu machen, wie sie die Ehrung vornehmen will. Da der Ko-Rektor gut dichten kann, besingt er mit zwei Kollegen jeweils die Eigenarten der zu ehrenden Lehrer. Darauf freuen sich schon alle. Andere Betriebe spielen einen Sketch. Für die andern Bereiche versuche ich selbst, etwas über den Mitarbeiter zu dichten. Es gibt sicher viele Formen, wie ein Betrieb miteinander feiern kann. Aber wichtig ist, dass wir Phantasie aufbringen, damit alle gerne zusammen feiern und sich die zu ehrenden Mitarbeiter wirklich angenommen und ernst genommen fühlen. Nichts ist schlimmer als Feiern, zu denen jeder erscheinen muss, obwohl keiner Lust dazu hat. So habe ich es von manchen Schulen gehört, bei denen das gemeinsame Lehreressen nur Aggressionen hervorruft. Da wäre wichtig, dass sich die Schulleitung neue Rituale ausdenkt, um das Miteinander zu gestalten.

V. NEUE RITUALE

Frauengruppen

In letzter Zeit erzählen mir viele von neuen Ritualen, die sie spontan für sich entwickeln, oder aber von Ritualen, die sie in andern Religionen gefunden haben und die ihnen Antwort geben auf Fragen, die sie schon lange bewegen. Vor allem in Frauengruppen beobachte ich eine große Kreativität im Hinblick auf das Ausprobieren neuer Rituale.

Schöpfungsspiritualität

Frauen haben vor allem ein Gespür für Schöpfungsrituale, wie sie in früheren Kulturen üblich waren. Offensichtlich sind Frauen näher dran an der Schöpfungsspiritualität, die Matthew Fox auch für unsere Zeit fordert. Was die Frauen heute neu ausprobieren, entspricht durchaus der christlichen Tradition. Denn die frühe Kirche hat in den ersten Jahrhunderten Schöpfungsrituale aus ihrer heidnischen Umwelt auch in das Christentum integriert, so etwa, wenn sie die römischen Umgänge zur Zeit der Aussaat in Bittgänge umgewandelt hat, die heute noch an den Tagen vor Christi Himmelfahrt stattfinden, oder wenn sie die römische Feier des unbesiegbaren Sonnengottes, des sol invictus, zum Weihnachtsfest umgeformt hat. Die Schöpfungsspiritualität entspricht unserem heutigen Gespür für den Wert unserer Umwelt. Die Schöpfung atmet Gottes Geist und ist genauso wie die Geschichte ein entscheidender Ort, an dem wir Gott erfahren können.

Ein Weg, die Schöpfungsspiritualität für uns neu zu entdecken und zu leben, sind die Rituale, wie sie heute in vielen Frauengruppen geübt werden. Gertrud Erni, Frau eines evangelischen Pfarrers, beschreibt, wie sie mit ihrer Frauengruppe ein Erdritual, »Geister der Erde«, gefeiert hat und wie sie die heilende Kraft anderer Rituale erfahren hat, etwa eines Rituals der Sonnenwende oder eines Ganges durch das Labyrinth. Das Erdritual spielte sich in der Nacht ab. Frauen wanderten durch den nächtlichen Wald und ließen sich dort an verschiedenen Orten nieder, an einem Feuerplatz, in einer Höhle und an Weihern, um dort die tanzenden Erdgeister und Feuergeister zu beobachten. Die Erfahrung der geheimnisvollen nächtlichen Natur hinterließ bei allen einen tiefen Eindruck und vermittelte ihnen neue Energie, so dass sie den fehlenden Schlaf gar nicht bemerkten.[33] Die Frauengruppe hat auch das Ritual eines ökumenischen Morgengebetes entwickelt. Am frühen Morgen sitzen Frauen zusammen, eine spricht das Wort zum Tag, sie beobachten schweigend das Anbrechen des Tages. Frauen haben ein Gespür dafür, wie sie den Raum geschmackvoll gestalten, so dass sich alle geborgen wissen in der gemeinsamen Stille.

Die Erfahrungen, die Gertrud Erni mit den Ritualen in ihrer Gruppe gemacht hat, führten dazu, dass die Frauen den Ablauf des Jahres bewusster erleben wollten. Sie begingen Sonnenwenden und TagundNachtgleichen. Sie spürten, dass das Kirchenjahr nicht nur geschichtlicher Ereignisse gedenkt, sondern auch die Symbole der Jahreszeiten aufgreift und sie durchlässig werden lässt für das Geheimnis unserer Erlösung. Viele Feste des Kirchenjahres gehen auf heidnische Feste des Jahreskreises zurück, so zum Beispiel das Osterfest auf ein kanaanäisches Frühlingsfest. Matthew Fox hat aufgezeigt, dass vor allem die Rituale Ausdruck der neuen Schöpfungsspiritualität sind, die er für unsere Zeit fordert. Für ihn sind die Rituale Ausdruck unserer kreativen Beziehung zur Schöpfung. Sie haben für ihn eine heilende Wirkung, und sie verbinden uns mit der Weisheit der anderen Religionen, weil sie in allen Religionen ähnliche Formen entwickelt haben. Er meint, er hätte noch nie Rituale mit einer Gruppe von Menschen gehalten, ohne dass sich Zuschauer eingefunden hätten. »Wenn schöpfungsbezogene Rituale gefeiert werden, stellen Jungen ihre Räder ab, legen Jugendliche ihre Skateboards weg und drücken alte Männer ihre Nasen an die Glasscheiben, um hineinzusehen.«[34] Frau Erni hat die Erfahrung gemacht, dass ein Ritual Menschen an Leib und Seele nähren kann, dass es »ihnen Halt gibt und die Richtung weist, die sie gehen können«[35].

Salbungen

Frauen lieben auch besonders Rituale des Segnens und Salbens, des Heilens und des Berührens. Die Salbung mit Öl spielt ja nicht nur bei den christlichen Sakramenten eine große Rolle, sondern in vielen außerchristlichen

Ritualen auch. In vielen Frauengruppen ist heute der Ritus des Salbens mit Öl neu entdeckt worden. Da salbt eine Frau der anderen die beiden Hände mit einem wohlriechenden Öl. Dabei entsteht immer eine dichte Atmosphäre, ein Raum liebender und zärtlicher Zuwendung. Öl hat seit jeher eine heilende Wirkung. Die Salbung mit Öl macht fühlbar, dass Gott uns berührt mit seiner heilenden Kraft, dass sie in unseren Leib eindringt und all die schädlichen Einflüsse, die sonst in uns einfallen, zurückdrängt. Seine Gegenwart umgibt uns, ist heilend und befreiend. Oft salben die Frauen einander schweigend die Hände. Manchmal sprechen sie dabei einen Wunsch, einen Segen oder eine Fürbitte aus und verleihen den Worten mit der Salbung eine größere Wirkung. Die Frauen spüren, dass Segnen nicht nur etwas rein Geistiges ist, sondern das Vermitteln von Leben und Liebe, von Kraft und Lebendigkeit. Gottes Segen kann in so einem Ritual als zärtliche Zuwendung und als kostbares Geschenk erfahren werden.

Wenn ich mit einer Frauengruppe eine Eucharistiefeier vorbereite, erlebe ich oft, dass die Frauen zeichenhafte Handlungen lieben. Das gilt vor allem für die Fürbitte. Man kann die Fürbitte spontan formulieren lassen. Das geht je nach Gruppe verschieden gut. Intensiver wird es, wenn die Fürbitte mit einer Handlung verbunden wird. Eine Möglichkeit ist zum Beispiel, dass jeder Gottesdienstteilnehmer ein Teelicht bekommt. Bei den Fürbitten kann er sein Teelicht dann entweder schweigend für einen bestimmten Menschen oder ein bestimmtes Anliegen anzünden oder er kann dabei laut eine Fürbitte sprechen. Eine andere Möglichkeit ist, dass jede Frau im

Kreis ein paar Weihrauchkörner nimmt und sie in die vorbereitete Kohle streut, schweigend oder mit Worten. Oft lasse ich bei den Fürbitten bei der Eucharistiefeier auch die Hostienschale herumreichen. Jeder nimmt sie in die Hand und legt entweder mit einer stillen Gebärde oder mit Worten etwas von sich selbst, einen Menschen, der ihm am Herzen liegt, oder ein anderes Anliegen in die Schale hinein – mit der Bitte, dass Gott das Hineingelegte verwandeln möge. Dabei hilft oft eine feste Formel, wie: »Ich lege in diese Schale ...« Dann wird die Eucharistiefeier zur Feier unserer eigenen Verwandlung. Wenn ein Gottesdienst mit solchen sinnenfälligen Zeichen gefeiert wird, entsteht eine intensive Gebetsatmosphäre, ein heilender Raum, in dem jeder mit seinen Wunden und in dem unsere zerrissene Welt Heilung finden kann.

Übergangsrituale

Ein weiteres Bedürfnis der Frauengruppe um Gertrud Erni war, die Übergänge des Lebens durch Rituale auszudrücken. Auch damit antworteten sie auf ein Urbedürfnis der Menschheit. Denn seit jeher hat man gerade an den Übergängen des Lebens Rituale vollzogen, die sogenannten »Rites de passage«. Die Frauen haben dabei erfahren, wie hilfreich Rituale sein können, »um Übergänge des Lebens vorauszunehmen oder zu verarbeiten. Abschiednehmen, Trauern, Loslassen von Menschen oder Lebensphasen, Neuanfänge, Veränderungen – das alles sind Situationen in unserem Leben, die Krisen hervorrufen können. Rituale bieten in diesen Übergangssituationen

Hilfe und Halt.«[36] Wir alle sollten heute neu nachdenken, wie wir Rituale entwickeln könnten, die die Krise der Lebensmitte angemessen ausdrücken und verwandeln. Und wir sollten den Mut finden, Abschiedsrituale, etwa beim Umzug, bei der Trennung von Freunden oder Ehepaaren, und Rituale des Neuanfangs in einer Partnerschaft oder in einer Gemeinschaft zu entwickeln, die der jeweiligen Situation gerecht werden.

Seitdem ich mich bewusst mit heilenden Ritualen beschäftige, erzählen mir immer mehr Menschen von ihren positiven Erfahrungen mit persönlichen, aber auch mit gemeinsamen Ritualen. Ein Priester erzählte mir, dass ein lesbisches Paar, das sich nach einigen Jahren getrennt hat, diese Trennung bewusst durch ein Ritual vollziehen wollte, bei dem der Priester anwesend sein sollte. Sie hatten das Bedürfnis, nicht einfach voneinander wegzugehen. In diesem Ritual konnten sie für all das Schöne danken, das sie miteinander erlebt hatten. Und sie konnten auch aussprechen, was sie bewogen hat, sich zu trennen. Sie konnten einander segnen und der andern einen guten Weg wünschen, der sie tiefer in die eigene Wahrheit und in die Wahrheit Gottes hineinführen möge. Bei vielen Menschen entstehen heute solche spontanen Bedürfnisse nach neuen Ritualen, die geeignet sind, eine schwierige Situation auszudrücken und Kräfte für einen Neuanfang zu formen.

Therapeutische Rituale

Vor allem die Ehetherapie arbeitet heute mit heilenden Ritualen. Hans Jellouschek hat über seine Erfahrung mit Ritualen in der Paartherapie berichtet.[37] Gerade in Krisen des Miteinanders, in Situationen von Schuldverstrickung, bei der Trennung, bei der Verarbeitung von Trauer schaffen Rituale einen Raum, in dem das sonst nicht Aussprechbare in Worte gefasst werden kann. In Übergängen drohen uns die Gefühle zu überschwemmen. Wir können sie nicht adäquat ausdrücken. Die Rituale stellen uns Ausdrucksmittel für unsere Gefühle zur Verfügung. Und sie geben uns die Möglichkeit, in schwierigen und komplexen Situationen unsere Ohnmacht und unseren Kleinmut zu überwinden und Schritte zu unternehmen, die uns weiterhelfen. Vor allem die systemische Therapie nutzt die Rituale für die Familientherapie. Sie weiß um die gemeinschaftstiftende Funktion der Rituale. Rituale stellen den Einzelnen in einen größeren und umfassenden Zusammenhang. Sie sind eine Gegenkraft gegen Vereinzelung und Sinnentleerung.

In einem Vortrag hat Jellouschek einige solcher heilenden Rituale beschrieben.[38] Da ist das Versöhnungsritual in einer Ehe. Schwierig ist in einer Ehe immer der Umgang mit Verletzungen, die schon lange zurückliegen, aber nicht vergeben sind und daher bei jedem Alltagskonflikt wieder hervorgeholt und als Waffe gegen den Partner benutzt werden. Oft hilft das Diskutieren über die vergangenen Verletzungen nicht weiter. Ein Ritual kann da

103

Heilung bewirken. Jellouschek erzählt von einem Paar, das alle Verletzungen der Vergangenheit auf je verschiedene Zettel schrieb. Dann sollte jeder für sich seine Zettel durchsehen, was er weggeben und was er noch nicht loslassen kann. Diese Verletzungen sagen sich dann die Partner gegenseitig, und zwar mit einer klaren Formel, auf die sie sich vorher geeinigt haben beziehungsweise die ihnen der Therapeut angeboten hat. Wenn ein Partner alle seine Verletzungen ausgedrückt hat, antwortet der andere mit den Worten: »Ich habe gehört, womit ich dich verletzt habe. Ich anerkenne, dass ich dich damit verletzt habe, auch da, wo ich es nicht absichtlich wollte. Es tut mir leid, dass ich dich damit verletzt habe. Bitte, verzeih mir.« Der andere sagt darauf: »Ich höre und sehe, dass du meine Verletzungen anerkennst und dass sie dir leid tun. Ich nehme deine Bitte an, ich verzeihe dir, und ich bin bereit, meine Verletzungen loszulassen. Darum sichere ich dir zu, dass ich sie in Zukunft bei Auseinandersetzungen nicht mehr nennen werde. Befreit von dieser Last will ich mit dir zusammen in eine neue Zukunft gehen.«[39] Dann wechseln die Partner die Rolle und sprechen mit der gleichen Formel über die Verletzungen des andern. Dann kann der Therapeut oder die Gruppe, die diesem Ritual beiwohnt, einen Vorschlag machen, was mit den Zetteln geschehen sollte. Manchmal verbrennt das Paar dann die Zettel, oder es vergräbt sie im Garten. Gerade in Situationen, in denen es um Schuld und Schuldeingeständnis geht, fehlt uns heute eine angemessene Sprache. So ein Ritual bietet uns die Sprache, mit der wir auf gute Weise über unsere Schuld und unsere Bereitschaft zu vergeben sprechen können. Das Ritual verhindert eine Diskussion, die in diesem Falle nichts bringen, sondern nur neue Wunden aufreißen würde. Es ist interessant, dass so ein Ritual entweder einen objektiven Beobachter braucht oder eine Gruppe. Es ist genauso wie bei den Sakramenten, die entweder – wie bei der Beichte – den Priester brauchen oder die Gemeinde als Beobachter und Schutzraum. Die Parallelen zwischen den heilenden Ritualen der Paartherapie und den Riten der Sakramente sind verblüffend, vermutlich auch deshalb, weil sowohl Hans Jellouschek als auch Bert Hellinger früher Priester waren und ihre Erfahrungen als Priester auch in die Therapie einbringen, offensichtlich mit großem Erfolg.

VI. Kirchliche Rituale

Die Sakramente

Obwohl die Psychologie die heilende Bedeutung der Rituale neu entdeckt hat, wirken unsere kirchlichen Rituale oftmals kaum heilend. Im Gegenteil, viele Menschen klagen darüber, dass die Rituale erstarrt seien und sie nichts damit anfangen könnten. Es würde da etwas ablaufen, was mit ihnen nichts zu tun habe. Diese Kritik wird vor allem bei der Eucharistiefeier laut, an der man sonntags teilnimmt. Da sei es langweilig. Alles sei immer gleich und es berühre sie nicht. Bei Taufen und Hochzeiten mache ich allerdings eine andere Erfahrung. Die Menschen sind dankbar für die wunderbaren Rituale, die uns die Sakramente der Taufe und der Trauung anbieten. Es kommt nur darauf an, diese Rituale neu zu bedenken und sie phantasievoll zu gestalten. Es hilft nicht, wenn man die Rituale einfach gedankenlos herunterspult. Dann werden sie entwertet als bloße Relikte einer vergangenen Zeit oder als interessante Verzierung. Wenn die kirchlichen Rituale leer sind, dann wird eine Hochzeitsgesellschaft um so mehr Wert auf ihre weltliche Feier legen.

Wenn ich im Folgenden über die sieben Sakramente der katholischen Kirche und über den Beerdigungsritus schreibe, bin ich mir dessen bewusst, dass viele Pfarrer da andere Erfahrungen machen. Zu mir kommen meistens nur Menschen, die die Taufe ihres Kindes oder die ihre Trauung bewusst gestalten möchten. Allerdings kommen da auch viele, die mit der Kirche nicht mehr viel anfangen können, aber das Bedürfnis haben, ihr gemeinsames Leben oder das Leben ihres Kindes unter den Segen Gottes zu stellen und einen Ritus zu feiern, der besser als alle selbst inszenierten Feiern das Geheimnis unseres Lebens darstellt.*

Riten der Taufe

Wenn junge Eltern zu mir kommen, um ihr Kind taufen zu lassen, dann spreche ich mit ihnen nicht über christliche Kindererziehung oder über die Vermittlung eines dogmatisch richtigen Glaubens, sondern über den Ritus der Taufe. Manchmal kommen zu mir Eltern, die sich kirchlich engagieren und daher besonderen Wert auf die Taufe legen. Oft aber kommen auch Eltern, die

---

* Von vielen Pfarrern höre ich die Klage, dass sie sich von vielen Menschen als Sakramentenspender benutzt fühlen, die aber sonst nichts zu sagen haben. Ich möchte nicht in die Diskussion eingreifen, ob man ein Sakrament verweigern sollte, wenn keine Voraussetzungen dafür gegeben sind, oder ob man im Wunsch nach dem Sakrament nicht doch einen Ansatzpunkt sehen sollte, um mit den Menschen ins Gespräch zu kommen und ihre Sehnsucht zu entdecken. Ich möchte nur einige Erfahrungen erzählen, die ich selbst mit den Sakramenten gemacht habe, und einige Anregungen geben, wie wir sie heute so feiern können, dass es heilende Rituale sind.

der Kirche eher reserviert gegenüberstehen und die an Verletzungen leiden, die sie von der Kirche erfahren haben. Dennoch haben sie das Bedürfnis, ihr Kind taufen zu lassen. Sie spüren, dass es zu wenig wäre, einfach ein Kind zu gebären und zu erziehen. Es braucht den Ritus, um zu entdecken, welches Geheimnis ein Kind ist. Wenn ich die einzelnen Riten durchspreche und erkläre, dann sind auch solche kirchenfernen Menschen fasziniert von der tiefen Bedeutung, die unsere kirchlichen Riten haben.

Die Eltern bringen oft sehr diffuse Vorstellungen von der Bedeutung der Taufe mit. Die einen haben ein eher magisches Verständnis von Taufe. Sie befreie das Kind von der Erbsünde. Sie sehen die Erbsünde gleichsam als Verschmutzung, die abgewaschen werden müsse. Andere meinen, die Taufe sei die Bedingung für die Erlösung des Kindes. Ohne Taufe würde das Kind nicht in den Himmel kommen. Andere wiederum wehren sich gegen solch magische Vorstellungen und sehen in der Taufe die persönliche Entscheidung für den Glauben. Deshalb verwerfen sie die Kindertaufe und meinen, das Kind müsse sich irgendwann in der Jugend selbst für die Taufe entscheiden. Das halte ich auch für unrealistisch. Denn wann kann sich ein Mensch denn wirklich frei entscheiden? Ich versuche, den Eltern zu erklären, was für mich Taufe bedeutet.

Das weiße Taufkleid

Die Riten der Taufe zeigen uns, wer das Kind wirklich ist, dass es eben nicht nur das Kind dieser Eltern, sondern ein Kind Gottes ist und eine göttliche Würde hat, absolut daseinsberechtigt, und dass in ihm ein unzerstörbarer Kern liegt. Die Eltern brauchen den Ritus der Taufe, um dem Kind gerecht zu werden. Durch die Taufe können sie das Kind mit neuen Augen anschauen. Sie spüren, dass es nicht nur ihr Kind ist, sondern dass es eine königliche Würde hat, Gottes Geist in ihm strömt und es teilhat an einem göttlichen Leben, das auch durch den Tod nicht zerstört werden kann.

Die Riten zeigen nicht nur, wer das Kind ist, sondern sie sind auch eine Einübung in ein neues Verhalten dem Kind gegenüber. Wir spielen uns in den Riten in neue Formen hinein, wie wir mit dem Kind umgehen wollen. Wenn wir dem Kind in der Taufe ein weißes Kleid anziehen, dann zeigt dies einmal, dass es Christus angezogen hat und mit ihm zusammengewachsen ist. Aber zugleich stellen wir damit einen neuen Umgang mit dem Kind dar. Wie sieht das in unserem Alltag aus, so mit dem Kind umzugehen, dass es sich gleichsam mit einem weißen Kleid umhüllt fühlt? Man kann ein Kind mit einem durchbohrenden Blick anschauen, so dass es sich »ausgezogen« fühlt. In der Taufe stellen wir spielerisch neue Möglichkeiten dar, dem Kind zu begegnen, Möglichkeiten, die uns und dem Kind gut tun und der Würde des Kindes gerecht werden.

Das Kreuz auf die Stirn

Wenn ich mit den Eltern den Sinn der einzelnen Riten durchgehe, überlegen wir zusammen, wie wir sie gestalten wollen. Es geht nicht darum, den Ritus immer gleich zu vollziehen, sondern darum, ihn neu für uns zu entdecken und ihn so zu formen, dass er für uns bedeutungsvoll wird. Da bitte ich die Eltern zu Beginn der Taufe, dass sie vor allen Freunden erklären, warum sie das Kind taufen lassen und was ihnen an der Taufe wichtig ist. Um diese Frage beantworten zu können, machen sich die Eltern mehr Gedanken über die Taufe und den Glauben, als wenn ich sie mit christlichen Wahrheiten indoktriniert und sie zu christlicher Kindererziehung angehalten hätte. Dann frage ich auch die Paten, wie sie ihr Amt verstehen. Unter dem Schutz des Rituals kommen da oft ganz persönliche Sätze, die sich ein Pate sonst nie getraut hätte auszusprechen. Dann lade ich alle ein, als Zeichen des Schutzes, den die christliche Gemeinschaft dem Kind bietet, und als Zeichen, dass dieses Kind Gott gehört und von seiner Liebe berührt ist, ein Kreuz auf die Stirne des Kindes zu zeichnen. Da darf sich jeder liebevoll dem Kind zuwenden. Viele Kinder fühlen sich sehr wohl, wenn sie so im Mittelpunkt stehen und alle sie freundlich berühren.

Anrufung der Heiligen

Nach der Lesung und einer kurzen Ansprache sieht der Ritus die Fürbitten und die Anrufung der Heiligen vor. Einmal feierten wir in einem Ostergottesdienst mit den etwa 300 Jugendlichen, die zu diesem Kurs gekommen waren, die Taufe eines Kindes. Die Eltern waren selbst immer wieder Teilnehmer an den Jugendkursen gewesen. Statt der vorgesehenen Heiligenlitanei wurden alle eingeladen, die Heiligen zu nennen, von denen sie fasziniert sind und von deren Eigenschaften sie dem Kind etwas wünschen. Da wollte die Liste der Menschen gar nicht aufhören, von deren Qualität die Jugendlichen gerne etwas in dem Kind verwirklicht sehen würden. Es waren nicht nur kanonisierte Heilige, sondern Menschen wie Martin Luther King oder Gandhi, deren Gespür für den Frieden sie dem Kind wünschten. Da wurde deutlich, dass in jedem Kind die Verheißung liegt, dass etwas Heilendes und Befreiendes durch es in unserer Welt erscheinen möge. Manchmal bitte ich alle Anwesenden, den eigenen Namenspatron anzurufen, damit er für das Kind eintritt.

Salbung mit Katechumenenöl

Dann kommt im Ritus das sogenannte Exorzismusgebet. Ich lade die Eltern ein, mit mir zusammen dem Kind die Hände aufzulegen. Dabei bete ich darum, dass sich das Kind immer von Gott geschützt und von Christus berührt fühlt. Dann salbe ich das Kind mit Katechumenenöl, dem Öl der Heilung. Jedes Kind wird in seinem Leben verletzt werden. Aber die Salbung mit dem Öl soll zeigen, dass die heilende Wirkung Christi stärker ist als die verletzende der Menschen, dass die Wunden verwandelt werden können in kostbare Perlen. Das entlastet die Eltern von dem Druck, alles richtig machen zu müssen.

Absage an das Böse

Die Absage an das Böse, die dann im Ritus folgt, bereitet mit ihren formalisierten Sätzen vielen Probleme. Daher frage ich immer, was der Sinn dieser Absage an das Böse ist und wie die Eltern sie für sich gestalten wollen. Es geht ja darum, sich bewusst für das Gute zu entscheiden und dem Kind mitten in einer Umwelt, die auch vom Bösen geprägt ist, einen Schutzraum des Guten zu schenken, einen Raum, in dem es aufblühen kann, in dem es den Geist Gottes erfährt und nicht den Ungeist dieser Welt. Manche Eltern gestalten dann die Absage so, dass sie einen schützenden Kreis um das Kind bilden und alle bitten, ihre schützende Hand auf das Kind zu legen. Dabei singen sie »Ubi caritas« als Ausdruck dafür, dass die Liebe Gottes in uns es ist, die das Kind am wirksamsten vor dem Bösen zu schützen vermag. Die Eltern und auch die Taufgemeinde spüren dann, dass es auf ihre Entscheidung für das Leben ankommt, damit das Kind auch gut leben kann.

Übergießen mit Wasser

Nach diesen vorbereitenden Riten kommt der eigentliche Taufritus, der mit der Segnung des Taufwassers beginnt. Manchmal erkläre ich die einzelnen Riten kurz oder drücke den Sinn des Ritus in dem begleitenden Gebet so aus, dass die Menschen ihn verstehen. Das Begießen mit Wasser symbolisiert, dass das Kind schon jenseits der Schwelle lebt, dass der Tod keine Macht mehr über es hat, dass es nie aus der Liebe fallen wird, die Gott dem Kind in seiner Zusage zuspricht: »Du bist mein geliebter Sohn/meine geliebte Tochter, an dir habe ich mein Wohlgefallen.« Und es wird nie mehr aus der Liebe fallen, mit der wir das Kind lieben und die wie ein Himmel ist, der sich über dem Kind öffnet. Als Jesus im Wasser des Jordan getauft wurde, öffnete sich über ihm der Himmel. So ist der Ritus der Taufe gleichsam auch ein offener Himmel, der sich über das Kind breitet und ihm vermittelt, dass es sich seinen Wert nicht durch Leistung, durch Anpassung, durch Bravsein erkaufen muss, sondern dass es so, wie es ist, in seiner Einmaligkeit angenommen und geliebt ist, weil es vom ersten Augenblick seines Lebens an unter der liebenden Sorge Gottes steht.

Salbung mit Chrisamöl

Nach dem Übergießen mit Wasser folgt die Salbung mit Chrisam. Chrisam ist das Öl, mit dem der König gesalbt wurde. Ich salbe meistens nicht nur das Kind, sondern auch die Eltern und Paten – als Zeichen dafür, dass wir alle königliche Menschen sind und eine göttliche Würde haben. Die Salbung mit Chrisam bedeutet zugleich Salbung zum Priester und Propheten. Jeder Christ ist Priester, das heißt, jeder hat die Aufgabe, Menschliches in Göttliches zu verwandeln, in seinem Menschsein durchlässig zu werden für Gott, in seinen Stärken und Schwächen transparent zu werden für Gottes Liebe und Barmherzigkeit. Und jeder Christ ist Prophet. Jeder hat eine prophetische Sendung. Jeder kann mit seinem Leben etwas ausdrücken, das nur er allein zu verkünden vermag. Jeder ist ein einmaliges Bild Gottes. Und seine Aufgabe besteht darin, dieses einmalige Bild in dieser Welt aufleuchten zu lassen. Dieses einmalige Bild wird auch in dem weißen Kleid ausgedrückt, das dem Kind angezogen wird, als Zeichen dafür, dass es Christus wie ein Gewand anzieht, dass es mit Christi Gestalt zusammenwächst und in sich Christus auf einzigartige Weise darstellt.

Taufkerze

Dann wird die Taufkerze an der Osterkerze entzündet und dem Kind beziehungsweise den Eltern übergeben mit dem Wunsch, dass Christus dieses Kind erleuchten möge und das Kind selbst Licht sein möge für die Welt, dass es durch sein Dasein die Augen vieler erhellen und die Kälte der Herzen erwärmen möge. Manche Eltern gestalten selber die Taufkerze, andere lassen sie sich von Freunden mit persönlichen Symbolen formen. Für viele gehört es dann zum jährlichen Ritual, am Geburtstag oder am Tauftag die Taufkerze anzuzünden und sich gemeinsam daran zu erinnern, wer dieses Kind eigentlich ist. Manchmal lade ich alle Taufgäste ein, eine kleine Kerze oder ein Teelicht an der Taufkerze zu entzünden und eine Fürbitte oder einen Wunsch für das Kind auszusprechen. Oft entsteht dabei eine sehr dichte und persönliche Atmosphäre. Jeder spürt, dass das Kind ein Geheimnis ist. Am Symbol des Lichtes wird deutlich, dass in jedem Kind eine Verheißung steckt, dass diese Welt heller und heiler, wärmer und liebevoller wird. Und viele können das in sehr persönlichen Worten ausdrücken.

Der Effata-Ritus

Der letzte Taufritus ist dann der sogenannte Effata(öffne dich)-Ritus. Er erinnert daran, dass Jesus dem Taubstummen die Ohren und den Mund geöffnet hat. Ich erweitere diesen Ritus, indem ich auch die Eltern und die Paten auffordere, alle Sinne zu öffnen, die Augen, den Mund, die Ohren, die Hände und Füße. Es ist oft erstaunlich, was den Eltern und Paten an persönlichen Wünschen einfällt, wenn sie die Augen oder die Hände des Kindes berühren. Ich habe einmal einen arbeitslosen Moslem getauft. Dessen 14-jähriger Sohn nahm beim Effata-Ritus die Hände des Vaters, umschloss sie mit seinen Händen und bat Gott, dass diese Hände immer eine sinnvolle Arbeit finden mögen. Der Sohn hätte sich nie getraut, so persönlich für seinen Vater zu beten. Der Ritus ermöglichte es ihm, Worte zu sagen, die ihm sonst nie über die Lippen gekommen wären. Eltern und Paten finden in diesem einfachen Ritus eine Ausdrucksmöglichkeit für ihre persönlichen Gefühle und Wünsche und für ihren Glauben, dass das Kind in allen seinen Sinnen von Gottes heilender Liebe berührt wird.

Vaterunser

Der Taufritus schließt mit dem gemeinsamen Vaterunser. Wir stellen uns im Kreis auf und fassen uns an den Händen. So entsteht eine Gemeinschaft, in die der Täufling aufgenommen wird. Und stellvertretend für ihn beten wir alle das Gebet des Herrn und schaffen so einen Raum des Segens für das Kind.

Segen

Dann folgt der Segen über die Mutter und den Vater. Ich spreche immer ein persönliches Segenswort, indem ich zuerst der Mutter und dann dem Vater die Hände auflege. Dann lade ich die Eltern ein, gemeinsam mit mir einen Segen für die ganze Gemeinde zu sprechen. Wenn die Eltern die Riten mitgestalten können, wird der Taufritus nicht einfach abgespult. Vielmehr spüren die Eltern, wie reich diese Riten sind, wie sie uns die Möglichkeit geben, miteinander auf eine andere und neue Weise umzugehen, uns gegenseitig zu vermitteln, welch ein Geheimnis dieses Kind ist und wie Gott es selbst an die Hand nimmt und sich über ihm der Himmel öffnet.

Katholische Taufe für evangelische Christen

Es ist offensichtlich ein großes Bedürfnis vieler junger Menschen, neue Formen zu finden, um das Geheimnis ihres Kindes zu feiern. Ein Freund erzählte mir von

Bekannten, die aus der Kirche ausgetreten sind. Sie suchten sich aus vielen Religionen und Kulturen Rituale zusammen und gestalteten damit eine Art Tauffeier. Sie gaben sich viel Mühe damit. Aber irgendwie hinterließ die Feier doch den Eindruck, dass da etwas künstlich war. Die Rituale der christlichen Taufe sind in sich stimmig. Aber sie müssen immer wieder neu entdeckt werden, sonst werden sie leer und gehen an den Menschen vorbei. Evangelische Pfarrer und Pfarrerinnen baten mich, ihnen den katholischen Ritus zu kopieren. Sie haben das Bedürfnis, die Taufe sinnenfälliger zu gestalten. Einmal bat mich ein evangelisches Ehepaar, sein Kind zu taufen. Zunächst hatte ich damit Probleme, weil das Kind in der Taufe ja in die evangelische Kirche aufgenommen wird. Aber bei der Taufe ihres ersten Kindes waren sie so enttäuscht gewesen, weil der Ritus nur fünf Minuten gedauert hatte. Das war ihnen zu wenig. Ich sagte, sie sollten zu ihrem evangelischen Pfarrer gehen. Wenn der nichts dagegen hätte, würde ich gerne ihr Kind taufen. Der meinte, das sei kein Problem, er würde sofort eine »Überweisung« schreiben. So habe ich zum ersten Mal als katholischer Priester eine evangelische Taufe gehalten, natürlich nach dem katholischen Ritus. Danach hatte ich ein gutes Gefühl. Denn die Taufe haben wir ja gemeinsam. Und so war es für mich ein Zeichen gelebter Ökumene.

Die sieben Sakramente und das Heute Gottes

Es geht mir hier nicht um eine Theologie der sieben Sakramente. Katholische und evangelische Theologen streiten sich ja darum, ob es nun zwei Sakramente oder sieben gebe. Manche meinen, Jesus habe mit einem ausdrücklichen Akt die sieben Sakramente eingesetzt. So einfach darf man sich das jedoch nicht vorstellen. Die sieben Sakramente haben sich im Laufe der Kirchengeschichte entwickelt. Natürlich entsprechen sie durchaus dem Geist Jesu. Aber er hat sicher nicht ausdrücklich an ein System von sieben Sakramenten gedacht. Die Sieben ist eine archetypische Zahl. Sie meint die Verbindung von Gott und Mensch, von Irdischem und Göttlichem. Es geht in den sieben Sakramenten darum, dass unser Leben ganz und gar von Gott durchdrungen und so geheilt und zu seiner wahren Gestalt geführt wird. Im Lukasevangelium steht siebenmal das Wort »heute«. In den sieben Sakramenten geht es darum, dass dieses siebenmalige »Heute« Gottes an uns geschieht. Die Kirchenväter glaubten, dass in den Sakramenten die Hand des geschichtlichen Jesus uns berühre, dass Jesus heute an uns genauso handele wie zu seinen Lebzeiten. In den Sakramenten wirkt sich die Menschwerdung Gottes in Jesus Christus an uns heute handgreiflich aus. Wenn wir das siebenmalige Heute bei Lukas mit den sieben Sakramenten vergleichen, entdecken wir erstaunliche Parallelen.

Das erste Heute steht im Zusammenhang mit der Geburt Jesu: »Heute ist euch in der Stadt Davids der Retter geboren; er ist der Messias, der Herr« (Lukas 2,11). In der Taufe eines Kindes leuchtet etwas auf von der erlösenden und befreienden Geburt Jesu Christi, da wird etwas von der Verheißung wahr, dass Gott gnädig an seinem Volk handelt. In jeder Geburt steckt eine Ahnung von einer neuen Welt, in der Liebe und Frieden herrschen.

Das zweite Heute begegnet uns bei der Taufe Jesu: »Mein Sohn bist du, heute habe ich dich gezeugt« (Lukas 3,22). Hier geht es um die Geistsalbung und um die Sendung ins Leben, die bei uns in der Firmung gefeiert wird.

Das dritte Heute: Als Jesus in der Synagoge von Nazaret die Stelle aus Jesaja liest: »Der Geist des Herrn ruht auf mir, denn der Herr hat mich gesalbt. Er hat mich gesandt, damit ich den Armen eine gute Nachricht bringe« (Lukas 4,18), da verkündet er seinen Zuhörern: »Heute hat sich das Schriftwort, das ihr eben gehört habt, erfüllt« (Lukas 4,21). Man könnte diese Stelle in Verbindung mit der Priesterweihe sehen. Da geht es um die Berufung des einzelnen. Aber die Stelle zeigt auch, dass die Priesterweihe nicht ausschließlich im Blick auf die Priester zu sehen ist, sondern als Beauftragung jedes Menschen zu seinem persönlichen Werk. Es geht also um das Ritual des Berufsbeginns. Der soll ja, wie das Wort selbst sagt, nicht einfach das Ausprobieren eines Jobs sein, sondern Berufung, Sendung, ganz persönliche Aufgabe, in der ich mein Charisma für die andern leben kann. Die tiefste Berufung des Menschen besteht letztlich darin, den Menschen wie Jesus die gute Nachricht von Gott zu bringen, Gefangene zu befreien, Menschen, die die Augen vor ihrer Wahrheit verschließen, die Augen zu öffnen und Verletzte und Verwundete zu heilen.

Das vierte Heute: Als Reaktion auf die Heilung des Gelähmten und auf die Vergebung seiner Sünden durch Jesus heißt es: »Heute haben wir etwas Unglaubliches gesehen« (Lukas 5,26). Dieses Heute wird in der Beichte an uns Wirklichkeit. Es zeigt, dass Beichte nicht nur Vergebung der Sünden bedeutet, sondern auch Heilung meiner seelischen und körperlichen Wunden, Befreiung von Zwängen und Blockaden, von Hemmungen und Bindungen, die mich in meiner Freiheit einengen.

Das fünfte und sechste Heute finden wir in der Zachäusgeschichte. Jesus sagt zu dem Zöllner Zachäus: »Heute muss ich in deinem Haus zu Gast sein« (Lukas 19,5). Und während des Mahles im Hause des Zöllners sagt Jesus: »Heute ist diesem Haus das Heil geschenkt worden« (Lukas 19,9). In den Mahlzeiten sieht Lukas immer ein Abbild der Eucharistie, in der Jesus mit uns Mahl hält und uns Gottes Güte und Menschenfreundlichkeit leibhaft erfahren lässt. Man könnte in diesem Mahl der Freude auch ein Bild für die Hochzeit sehen, die ja immer auch als Mahl gefeiert wird. So wie Jesus einkehrt im Hause der Menschen, um mit ihnen im Mahl eins zu werden, so symbolisiert die Hochzeit im Einswerden von Mann und Frau auch das Einswerden von Gott und Mensch.

Das letzte Heute spricht Jesus dem Mann zu, der neben ihm am Kreuz hängt und ihn darum bittet, an ihn zu denken, wenn er in sein Reich komme: »Amen, ich sage dir: Heute noch wirst du mit mir im Paradies sein« (Lukas 23,43). Hier kann man an die Krankensalbung denken, die früher ja als letzte Ölung auch ein Sterbesakrament war. Oder man kann an die Beerdigungsriten denken, die zwar nicht als Sakrament verstanden werden, in denen aber diese Zusage Jesu dargestellt wird.

Die Liturgie greift das siebenmalige Heute bei Lukas immer wieder auf, wenn sie etwa in der Weihnachtsantiphon singt: »Hodie Christus natus est: Heute ist Christus geboren.« In den sieben Sakramenten geht es darum, dass Christus heute an uns handelt, uns berührt, dass er unsere Wunden heilt, uns die Sünden vergibt und uns zu unserem Werk sendet, dass er mit uns Mahl hält und uns die Gewissheit schenkt, dass wir im Tod zusammen mit ihm im Paradies sein werden. In den Riten der Sakramente wird sichtbar dargestellt, was Christus damals getan hat und was er heute an uns tun will, damit wir wie die Menschen damals das Heil erfahren, das er als der Messias der Menschheit gebracht hat. Genauso wie Jesu Tätigkeit sich nicht nur auf das Heilen beschränkte, so ist in den Sakramenten sein ganzes Tun gegenwärtig. In den Sakramenten zeigt uns Jesus den Sinn unseres Lebens. An den Übergängen unseres Lebens verweist er uns auf eine tiefere Dimension unserer menschlichen Existenz. Wir sind nicht nur Menschen der Erde, sondern zugleich auch Menschen des Himmels. Alle sieben Sakramente zeigen Stationen unseres Weges, den Jesus mit uns geht, um auch uns durch die Bedrängnisse und Krisen dieses Lebens in das Reich Gottes zu führen.

In allen Situationen, die vom Heute Gottes geprägt sind, wird die gemeinsschaftstifende Funktion der Sakramente deutlich. Da loben auf einmal Menschen miteinander Gott. Sie müssen einander erzählen, was Gott heute an ihnen Großes getan hat. Sie erleben in ihrer Einsamkeit Jesus als den, der sie im Staunen über Gottes Großtaten zu einer Gemeinschaft formt. Jesus ist im Lukasevangelium der, der in der Kraft des Heiligen Geistes, der in der Taufe über ihn kam, »Machttaten« (dynameis) vollbringt. Die Sakramente schenken uns Anteil an der Macht Jesu Christi. Sie haben die Wirkung der Energietransformation, wie C.G. Jung sie sieht. Denn gerade in Augenblicken unserer Schwäche, unserer Geburt, unserer Schuld, unserer Krankheit, unserer Einsamkeit, unserer Unsicherheit sagen sie uns die Kraft des Heiligen Geistes zu, der uns dazu stärkt, die Situationen unserer Ohnmacht mit göttlicher Energie zu bewältigen. Die energietransformierende Funktion der Sakramente wird vor allem in der Beichte deutlich. Solange wir uns mit Schuldgefühlen zerfleischen, blockieren wir uns selbst in unserem Energiefluss. Die Vergebung wandelt die Energie, die in unserem Versagen steckt, in kreative Energie um.

Die Beichte

Das Sakrament der Beichte hat in den letzten Jahrzehnten an Anziehungskraft verloren, weil es so formalisiert worden ist, dass die eigentliche Intention nicht mehr sichtbar wird und die heilende und befreiende Wirkung nicht mehr erfahren werden kann. Aber wenn Ehepaare für sich persönliche Versöhnungsrituale entwickeln, dann zeigt das, dass auch die Kirche das Versöhnungsritual der Beichte neu bedenken müsste. Es geht nicht darum, jede kleine Untugend zu bekennen. Vielmehr tut es dem Menschen gut, von Zeit zu Zeit über sich zu sprechen, gerade darüber, wo er mit sich unzufrieden ist und spürt, dass etwas nicht stimmt. Das Gespräch kann dann zu dem Punkt führen, wo unsere Schuld liegt, wo wir Leben verweigern, wo wir uns selbst verschließen.

Neues Schuldverständnis

Wir sehen Schuld heute nicht einfach als Übertretung von Geboten, sondern als Lebensverweigerung, als Spaltung, in der wir an unserem eigentlichen Wesen vorbeileben. Wenn wir über ein Verhalten sprechen, das uns am meisten belastet, so ist es immer eine Mischung aus eigener Problematik, inneren Zwängen und Mustern sowie von Schuld. Es ist auch nicht so entscheidend, dass wir chemisch rein unsere Schuld herausfiltern. Wir halten vielmehr unser Verhalten Gott hin mit all dem, was da auch an Schuld dabei war. Wir sollen uns weder beschuldigen noch entschuldigen, sondern uns Gott überlassen, damit er uns annehme mit allem, was in uns ist. Wenn wir uns selber beschuldigen, dann ziehen wir uns herunter, zerfleischen uns mit Selbstvorwürfen. Das ist sicher nicht im Sinne des barmherzigen Gottes. Wenn wir uns dagegen entschuldigen, müssen wir nach immer neuen Gründen suchen, uns selbst zu rechtfertigen. Da kommen wir nie zur Ruhe. Zu wissen, dass ich so, wie ich bin, auch mit all dem »Unannehmbaren« (Paul Tillich) von Gott angenommen bin, entlastet und befreit.

Ritus der Absolution

Die Beichte hat als Gespräch über uns und unsere Schattenseiten, über unser Leben und unsere Schuld, eine therapeutische Funktion. Aber sie ist mehr als ein Gespräch. Am Ende des Gespräches steht die Absolution, die Zusage der Vergebung von Gott her. Wenn einer wirklich Schuld auf sich geladen hat, dann genügt es ihm nicht, wenn ich ihm nur sage, Gott sei schon barmherzig, er werde ihm schon alles vergeben. Da braucht es einen Ritus, um an die Vergebung Gottes wirklich glauben zu können. Nach C.G. Jung spricht der Ritus das Unbewusste an. Er reicht bis an die Wurzeln unserer Verweigerung, uns selbst anzunehmen. Er überwindet die unbewussten Barrieren, die in unserem Inneren den Glauben an die Vergebung verhindern. Die Absolution sollte durch die Handauflegung des Priesters geschehen. Die Handauflegung vermittelt greifbar, dass wir so, wie wir sind, von Gott angenommen und von der menschlichen Gemeinschaft akzeptiert sind. Sie lässt erfahren, dass wir unter der bedingungslosen Zusage Gottes stehen und Gottes liebende Hände für uns ein Schutzraum sind, in dem wir uns geborgen und akzeptiert wissen.

Unter vier Augen

Viele verbinden mit der Beichte das unangenehme Gefühl von Zwang. Sie müssten beichten, um wieder zur Kommunion gehen zu können. Wir müssen nicht beichten. Die Beichte ist ein Angebot Gottes, das uns von Zeit zu Zeit gut tut. Aber sie braucht auch äußere Formen, um heilend wirken zu können. Ich selbst sitze sehr ungern im Beichtstuhl, wo ich den Beichtenden nur durch ein Gitter sehen und wo man nur flüsternd miteinander kommunizieren kann. Das Gespräch unter vier Augen, in dem der andere die Akzeptanz auch durch meinen Händedruck und meine Augen erfahren kann, ist für mich der Raum, in dem Menschen die heilende und befreiende Wirkung der Beichte erfahren können. Es tut ihnen gut, einmal über sich zu reden und bewusst auch über die Seiten, die man sonst immer verschweigt. In der Gesellschaft stehen wir ja eher unter dem Druck, unsere Erfolgsgeschichten zu erzählen. Die Geschichten unseres Misserfolgs, unserer Nöte und Bedrängnisse müssen wir für uns behalten oder werden sie höchstens in der Therapie los. Die Erfahrung von C.G. Jung, dass die Beichtpraxis häufig eine Therapie überflüssig macht, würde auch heute noch stimmen, wenn die äußeren Bedingungen für die Beichte die Menschen einlüden, sich unter dem Schutz des Beichtgeheimnisses einem Priester anzuvertrauen, der sie nicht verurteilt, sondern ihnen hilft, mitten in ihrer Schuld die Spur des Lebens und der Liebe zu entdecken.

Die Feier der Eucharistie

Die Eucharistie ist das wohl am häufigsten gefeierte kirchliche Ritual. Aber gerade hier haben viele das Gefühl, dass dieses Ritual nichts mehr mit ihnen zu tun hat. Es geht an ihnen vorbei, ohne dass es seine heilende Wirkung an ihnen entfalten kann.

Der Auferstandene ist gegenwärtig

Die frühen Christen brauchten nicht zur Eucharistiefeier gedrängt zu werden. Aus eigenem Antrieb brachen sie »in ihren Häusern das Brot und hielten miteinander Mahl in Freude und Einfalt des Herzens« (Apostelgeschichte 2,46). Das »Brotbrechen« war für die frühen Christen der Ort, an dem sie sich an die Worte und Taten Jesu immer wieder aufs neue erinnerten und an dem sie Christus als den Auferstandenen unter sich als gegenwärtig erlebten. Die Worte Jesu, die sie hörten, waren Worte des in ihrer Mitte stehenden Auferstandenen. Die Geschichten, die sie sich von Jesus erzählten, waren nicht nur Erinnerungen, sondern sie wurden gegenwärtig, weil Christus selbst bei ihnen war. Die Heilungsgeschichten erzählten sie sich nicht, um sich an Jesus in Wehmut zu erinnern, sondern im Glauben daran, dass er die Menschen heute genauso berührt und heilt. Was sie im Evangelium hörten, das stellten sie im immer gleichen Ritus des Brotbrechens dar. Da erlebten sie mit allen Sinnen, dass Christus sie anschaut, anspricht, berührt und aufrichtet, so wie er die gekrümmte Frau aufgerichtet und ihr ihre unantastbare Würde wieder geschenkt hat.

Unsere Aufgabe wäre es heute, dass wir den Menschen in der Eucharistie vermitteln, dass Christus selbst unter uns ist und zu uns spricht, dass er uns in der Kommunion berührt und heilt, dass er uns mit seiner Kraft begabt, dass wir gemeinsam mit ihm unsern Weg im Alltag weitergehen können. Eucharistie wäre der Ort, an dem wir immer wieder erfahren, dass wir nicht nur Menschen der Erde, sondern auch des Himmels sind, dass wir mehr sind als die, die ihre Pflicht erfüllen und die Banalität ihres Alltags aushalten müssen, weil in uns etwas ist, über das die Welt mit ihren Maßstäben und Erwartungen keine Macht hat.

Viele Menschen erleben in der sonntäglichen Eucharistiefeier aber nicht Christus als den Auferstandenen in ihrer Mitte, sondern sie reiben sich an der konkreten Gestalt der Kirche, wie sie sich im Gottesdienst ihnen darstellt. Aber es geht nicht um die Demonstration der Kirche, sondern um das gemeinsame sich Scharen um Christus, den Auferstandenen. Wenn das erfahrbar wird, dann wird auch der Sinn vieler Riten wieder verstanden.

Vom Gruß bis zur Gabenbereitung

Dann ist der Ritus der Begrüßung nicht nur etwas Oberflächliches, sondern er ist der Gruß des Auferstandenen selbst, der in unsere Mitte tritt. Dann sind Lesung und Evangelium nicht nur zum Anhören von Texten da, die man nicht versteht, sondern das Wort des Auferstandenen, das uns einen neuen Horizont für unser Leben eröffnet. Dann ist die Gabenbereitung, in der Brot und Wein zum Altar gebracht und vom Priester emporgehalten werden, Ausdruck unserer Bereitschaft, unser Leben Gott hinzuhalten, damit er es verwandeln möge. In der Gestalt des Brotes bringen wir unser Leben dar mit all dem, was uns Tag für Tag aufreibt und zerreibt, mit der Tretmühle unseres Alltags. Das Brot, das aus vielen Körnern bereitet ist, steht für das viele, das wir in uns nicht zusammenbringen, für die vielen verschiedenen Wünsche, Bedürf-

nisse, Gedanken, Gefühle und Sehnsüchte, die nebenein-
ander in uns leben und uns oft genug zerreißen. Und der
Wein steht für unsere Sehnsucht nach Liebe, nach Eksta-
se, nach einem neuen Geschmack in unserem Leben.
Dann drückt die Gabenbereitung unsere Hoffnung aus,
dass alles in uns durchlässig werden kann für Christus,
dass wir über alles, was wir in uns oft schmerzlich erleben, sagen können: »Das ist der Leib Christi. Das ist das
Blut Christi.« Alles hat einen Sinn, alles kann zum Ort
der Gotteserfahrung werden.

In der Eucharistie geht es um die Einübung in die
Menschwerdung, die nur über das Annehmen, Loslassen
und Einswerden zum Neuwerden führt. Wir feiern den
Weg Jesu, um gerade auf diesem Weg zum Geheimnis des
eigenen Lebens zu finden. Wir üben uns darin ein, täglich
neu Ja dazu zu sagen, dass wir durchkreuzt werden von
Menschen, die uns in die Quere kommen, von Ereignis-
sen, mit denen wir nicht gerechnet haben. In der Eucharistiefeier bekennen wir, dass dieses Durchkeuztwerden
uns aufbricht für Gott, für das Neue, das in uns wachsen
möchte. Und wir werden in der Eucharistie eins mit uns
selbst und mit den Menschen, mit denen wir gemeinsam
das heilige Mahl feiern.

Einung mit Christus

Wenn Christus als der Auferstandene in unserer Mitte
erfahrbar wird, dann ist das Hochgebet mit der Wandlung
der Ort, an dem Jesus selbst uns das Brot bricht und den
Lobpreis spricht, so dass uns die Augen aufgehen und das

Herz uns brennt (vgl. Lukas 24,30ff). Dann beten wir gemeinsam mit *ihm* das Vaterunser, dann erfahren wir uns mit *ihm* als Söhne und Töchter des barmherzigen Vaters, die sich das im Friedensgruß auch gegenseitig ausdrücken. Dann wird die Kommunion zur leibhaften Begegnung mit Jesus Christus, in der *er* uns berührt und heilt, in der *er* sich selbst uns schenkt und im Essen und Trinken ununterscheidbar eins wird mit uns, damit wir nun, eins geworden mit *ihm,* als verwandelte und neue Menschen in unsern Alltag zurückkehren und dort den Frieden bringen, den *er* damals auf alle, die ihm begegnet sind, ausgestrahlt hat. Wenn der Auferstandene in der Eucharistiefeier im Mittelpunkt steht, dann geht es für Pfarrer nicht darum, jeden Tag neue Experimente zu machen und sich unter Leistungsdruck zu setzen, um die Eucharistie möglichst interessant zu gestalten. Die Riten müssen nur verständlich werden, sie müssen das Herz berühren. Sie müssen in sich stimmig sein als Ausdrucksformen, dem Auferstandenen zu begegnen. Nur so können sie unsere Wunden heilen und uns die Hoffnung schenken, dass auch für uns Tag für Tag Auferstehung möglich wird.

Beim Ritus der Eucharistie muss die Beziehung zu unseren alltäglichen Mahlzeiten deutlich werden. Und umgekehrt: In jedem Mahl ist etwas vom Geheimnis der Eucharistie gegenwärtig: In der Eucharistie bringen wir feierlich zum Ausdruck, was auch für unsere täglichen Mahlzeiten gilt, dass es immer Gottes gute Gaben sind, die wir in Dankbarkeit genießen dürfen. Daher hat der heilige Benedikt in seiner Regel die Mahlzeiten der Brüder ähnlich ritualisiert wie die Eucharistie. Da beten die

Tischdiener und Tischleser die gleichen Psalmverse, mit denen die gemeinsamen Gebetszeiten eröffnet werden. Da waschen die Tischdiener zu Beginn und am Ende ihres Dienstes allen Brüdern die Füße, um die Beziehung jeder Mahlzeit zum letzten Abendmahl zu zeigen, bei dem Jesus seinen Jüngern die Füße gewaschen hat als Ausdruck seiner Liebe, die sich im Tod am Kreuz bis in den Staub zu uns hinabbeugt. Die Parallele, die zwischen dem Wochendienst der Tischdiener und dem Altardienst besteht, zeigt, dass der Dienst am Tisch kultischen Charakter hat und das Mahl der Brüder und die Eucharistiefeier zusammengehören.

Die Firmung

Der Ritus der Firmung ist die Handauflegung und Sendung hinaus ins Leben. Es ist ein typisches Übergangsritual, das den Initiationsriten der Völker entspricht, die junge Menschen mit diesen Riten in das Erwachsenenleben einführen. Aber an unseren Firmungsgottesdiensten ist davon heute wenig zu sehen. Neuerdings gibt es immerhin an vielen Orten Versuche, die Vorbereitung auf die Firmung neu zu gestalten – als eine Art Einführung in das verantwortliche Leben als erwachsener Christ. Man macht es den Firmlingen dann nicht zu leicht. Sie werden herausgefordert, sich ihrer eigenen Wahrheit zu stellen, im Glauben erwachsen zu werden und die Verantwortung für ihr Leben zu übernehmen.

Nach so einer intensiven Vorbereitungsphase kann dann auch das Sakrament der Firmung selbst ganz neu als Initiationsritus gefeiert werden. Die Handauflegung ist dann ein eindrucksvolles Ritual, in dem der junge Mensch mit dem Geist Gottes begabt wird, der ihm seine eigenen Möglichkeiten entdecken hilft. Im Ritus der Salbung zeichnet der Bischof mit dem Chrisamöl ein Kreuz auf die Stirn des Firmlings. Der Firmling erhält dadurch ein unauslöschliches Siegel, das Siegel des Heilige Geistes. Es zeigt zum einen, dass er nun Gott gehört und nicht der Welt, zum andern, dass er mit dem Heiligen Geist beschenkt nun in der Welt Christi Wohlgeruch (vgl. 2. Korinther 2,15) verbreiten und um sich eine Atmosphäre der Klarheit, der Liebe und der Güte schaffen soll.

In einem erneuerten Ritus könnte die Aufgabe deutlich werden, die Firmlinge heute erwartet. Sie sollten auch nicht nur an sich geschehen lassen, sondern – geistbegabt! – auch nach aussen zeigen dürfen, wozu sie gesandt sind und was sie in andern Menschen an Leben wecken wollen. Das könnte zum Beispiel so geschehen, dass jeder Firmling seinen Eltern, Geschwistern und Freunden ein Kreuz auf die Stirne zeichnet und ihnen ein Wort zuspricht. Oder aber er geht auf zwei oder drei Menschen zu, die ihm wichtig sind, und legt ihnen schweigend die Hände auf.

Eine Gemeindereferentin erzählte mir, dass sie ihre Firmgruppe in Thüringen so vorbereitet, dass die Firmung *der Beginn* des Firmkurses ist, in dem sie gemeinsam über ihren Glauben reflektieren und ihn vertiefen. Was im Sakrament der Firmung geschieht, das wird dann ein Jahr lang in der Gemeinde konkret eingeübt. Die

Bedingung, zur Firmung zugelassen zu werden, ist dieser einjährige Kurs nach der Firmung, in der alle aktiv am Gemeindeleben teilnehmen. Damit hat diese Gemeinde gute Erfahrungen gemacht. Die Firmlinge baten schließlich nach dem Jahr, ob sie die Gruppe nicht weitermachen könnten. Oft ist es so, dass die Firmlinge nach der Firmung nicht mehr in der Kirche gesehen werden. Ähnlich dürfte es bei der Konfirmation in der evangelischen Kirche sein, die für viele den endgültigen Auszug aus der Kirche bedeutet. So müsste man nach Formen suchen, wie die Firmlinge ihre Verantwortung als Christen aus der Geistbegabung heraus zeigen können.

Die Priesterweihe

Die Priesterweihe ist ebenfalls ein Übergangsritus, der den jungen Mann in seine Aufgabe als Priester einweiht. Dieser Ritus ist nur den Priestern vorbehalten. Er müsste aber ergänzt werden durch Riten, wie Frauen und Männer in ihren Beruf eingeführt werden. In den Handwerksberufen sind noch alte Rituale der Berufseinführung erhalten, auch wenn sie ihren tiefen Sinn zumeist verloren haben und nur noch als lustige Attraktion gefeiert werden. Immerhin gibt es bei wichtigen Ämtern eine Amtseinführung, so beim Bürgermeister, beim Landrat, bei der Regierung. Auch in Firmen gibt es die ritualisierte Einführung eines neuen Chefs. Natürlich befähigt der Ritus allein einen Menschen nicht, einen Betrieb oder eine Gemeinde zu leiten. Aber er zeigt, dass der Beruf mit Berufung zu tun hat. C.G. Jung hat wohl recht, wenn er meint, so ein Ritus würde im Menschen verborgene Kräfte wachrufen. Zumindest motiviert er einen, sein Amt ernst zu nehmen und sich über seine Verantwortung Gedanken zu machen. Führen heißt, Leben in den Menschen zu wecken. Und dazu braucht es auch eine Berufung und Befähigung.

Im Ritus der Priesterweihe legen sich die Weihekandidaten zuerst einmal in der Gebärde der »prostratio« auf den Boden. Dort liegen sie auf dem Bauch, die beiden Hände unter die Stirne haltend, und hören schweigend zu, wie die Gemeinde über sie betet und in der Allerheiligenlitanei die Heiligen für sie anfleht. Sie müssen sich erst einmal mit ihrer Erdhaftigkeit konfrontieren, mit ihrer Ohnmacht und Schwäche, um dann zu erfahren, was es heißt, für andere einen Dienst zu übernehmen. Auch bei der Abtsweihe muss sich der Abt erst vor allen auf den Boden werfen, um dann in seine Verantwortung eingeführt zu werden. Das ist ein starkes Symbol. Es täte manchem Politiker und Manager gut, wenn er sich zunächst seiner menschlichen Hinfälligkeit bewusst würde, bevor er andere zu führen beginnt. Das könnte seiner Führungsaufgabe eine andere Dimension geben.

Der eigentliche Ritus der Priesterweihe ist die schweigende Handauflegung durch den Bischof und alle anwesenden Priester, in der der Heilige Geist auf die Weihekandidaten herabgefleht wird. In diesem Ritus steckt eine große Weisheit. Da werden nicht große Reden gehalten, um die Aufgabe des Priesters in grellen Farben zu schildern, wie das oft bei der Amtseinführung von

Firmenchefs geschieht. Da wird schweigend um den Heiligen Geist gebetet, der den Priester so durchdringen möge, dass er sein ureigenstes Charisma im Dienst an den Menschen leben kann. Das wäre auch ein guter Weg für jede Übernahme eines Amtes oder für die Einführung in den Beruf, dass man in aller Stille um den Heiligen Geist betet, damit der beziehungsweise die Betreffende seinen oder ihren Beruf wirklich zum Heil der Menschen ausübt.

Die Trauung

Normalerweise kommen zu mir nur solche Brautpaare, die aus unseren Jugendkursen hervorgegangen sind und daher besonderen Wert darauf legen, die Trauungsfeier bewusst mitzugestalten. Aber es kommen auch Menschen, die der Kirche fern stehen und mit den Ritualen nichts anfangen können, die sie normalerweise bei einer Hochzeit erleben. Sie haben aber dennoch das Bedürfnis, ihren gemeinsamen Weg unter den Segen Gottes zu stellen und das Geheimnis ihrer Liebe vor Gott und vor den Menschen auszudrücken. Sie haben das Gefühl, dass ihr gemeinsames Leben es wert ist, gefeiert zu werden.

Eine junge Frau erzählte mir von ihrem Bruder, der nur standesamtlich geheirat hatte und danach mit den Trauzeugen in die Gastwirtschaft zum Essen gegangen war. Das war dann alles. Ich fragte mich, wie wenig wert die Menschen ihr gemeinsames Leben finden müssen, wenn sie den Anfang ihrer Ehe so phantasielos begehen. Wenn das Leben nicht mehr wert ist, gefeiert zu werden, wird es bald in der Banalität zerrinnen.

Die kirchliche Trauungsfeier bietet uns viele Möglichkeiten an, die gemeinsame Liebe in sinnvollen Ritualen zum Ausdruck zu bringen und daran auch die Gäste teilnehmen zu lassen. Ich gebe dem Brautpaar immer zur Aufgabe, selbst Texte aus der Bibel zu suchen, die ihnen wichtig geworden sind. Nachdem ich in einer kurzen Ansprache diese Texte dann ausgelegt habe, bitte ich das Brautpaar, vor allen zu sagen, warum sie jetzt gerade hier heiraten möchten und was sie unter dem Sakrament der Ehe verstehen. Da müssen sie sich vorher Gedanken darüber machen, was sie eigentlich möchten und was ihnen an ihrem gemeinsamen Weg wichtig ist. Dann segne ich die Ringe und bitte das Brautpaar, sie sich mit dem Vermählungswort anzustecken. Manche formulieren auch das Vermählungswort persönlich, manche halten sich lieber an die vorgegebenen Worte. Nach der Bestätigung spreche ich ein persönliches Segenswort, indem ich dem Brautpaar dabei die Hände auflege. Wenn das Brautpaar auch eine Brautkerze mitgebracht hat, segne ich die Kerze, zünde sie an und stelle sie auf den Altar. Sie ist dann an jedem Hochzeitstag eine Erinnerung an die Liebe, die Licht bringt in ihr Leben und Wärme in unsere kalte Welt, die Heimat schenkt für alle, die in dieses Haus als Gäste aufgenommen werden.

Die Fürbitten bieten den Freunden des Brautpaares eine gute Gelegenheit, ihre Wünsche und Bitten zum Ausdruck zu bringen. Manche tun das, indem sie ein Symbol mitbringen. Sie zeigen es allen und sprechen dazu einen Wunsch aus. Dann legen sie das Symbol, zum Beispiel ein Bild, einen Wecker, eine Gitarre, eine Blume, auf den Altar.

Brot und Wein vom Brautpaar

Für mich gehört die Eucharistiefeier zur Trauung, weil sie unübertrefflich zum Ausdruck bringen kann, worum es in der Hochzeit geht, und weil sie alle Gäste im heiligen Mahl der Liebe miteinander verbindet. So wird das Ja des Brautpaares zueinander zur Bejahung aller, und die Liebe, die die Eheleute einander versprechen, wird zur Quelle der Liebe, die für alle reicht, weil Gott selbst sie mit seiner göttlichen Liebe durchdringt. Damit das sichtbar wird, bitte ich das Brautpaar, zur Eucharistie selbst Brot zu backen und den Wein mitzubringen. Zur Gabenbereitung bringt dann das Brautpaar das Brot und den Wein zum Altar – als Zeichen dafür, dass das, was sie selbst mitbringen an gutem Willen und an Liebe, von Gott verwandelt wird in den Leib und das Blut Christi und dann allen ausgeteilt wird, damit alle an der Liebe Gottes, die darin sichtbar wird, teilhaben. Manche Brautpaare stellen sich dann auch rechts und links von mir an den Altar, um zu zeigen, dass die Verwandlung dieser Gaben mit ihrer von Gott verwandelten Liebe zu tun hat. Und bei der Kommunion reichen Braut und Bräutigam dann das Blut Christi den Kommunizierenden. Das ist ein schönes Symbol dafür, dass alle teilhaben am Geheimnis ihrer Liebe. Und da ihre Liebe von Gottes Liebe durchdrungen ist, geht sie nie aus und reicht für alle.

Die Krankensalbung

Das Sakrament hat beide Bedeutungen: Einmal ist es ein intensives Gebet um Heilung der körperlichen und seelischen Krankheiten. Es drückt aus, dass auch die Heilung unseres Leibes letztlich ein Geschenk von Gottes Gnade ist und wir darum beten dürfen. Zum andern will das Sakrament uns dazu führen, unsere Krankheit anzunehmen als Weg der Verwandlung und als Einübung in das Sterben, das einmal von uns allen gefordert wird. In jeder Krankheit treten Ängste auf. Viele haben Angst, an ihrer Krankheit zu sterben oder den Schmerzen nicht gewachsen zu sein, die sie mit sich bringt. Die Krankensalbung hat angstbannende Wirkung. Aber sie aktiviert auch die Kräfte des Glaubens, die für die Heilung entscheidend sind, und die Bereitschaft, sich mit seiner Krankheit auszusöhnen. Nur so kann sie vom Fluch zum Segen verwandelt werden, zu einem Weg, der uns tiefer in das Geheimnis Gottes und in das Geheimnis der eigenen Menschwerdung hineinführt.

Die Beerdigung

Hier spürt man wohl am deutlichsten, welch heilende Bedeutung Riten auch heute noch haben können. Der Tod eines geliebten Menschen stürzt viele in Verzweiflung und abgrundtiefe Trauer. Oft findet diese

Trauer keinen angemessenen Ausdruck. Man flüchtet sich in Geschäftigkeit, um alles Äußere an der Beerdigung zu regeln. Nach der Beerdigung fallen dann viele in ein dunkles Loch. Die Riten der Beerdigung ermöglichen uns, sowohl unserer Trauer als auch unserer Hoffnung auf ein Wiedersehen im Himmel angemessen Ausdruck zu verleihen. Die Beerdigung ist kein Sakrament im Sinne der klassischen sieben Sakramente, sondern ein sogenanntes Sakramentale, ein heiliges Zeichen, durch das der Geist Gottes an uns Menschen wirkt. Als solche ist sie ein wichtiger Ritus.

In vielen Dörfern gibt es vorbereitende Riten für die Beerdigung. Da wird am Abend vor der Bestattung ein gemeinsamer Rosenkranz gebetet, in dem man sich betend mit dem Toten beschäftigt und ihn und sein Leben Gott hinhält.

Der Beerdigungsritus im Kloster

In unserem Kloster wird der Verstorbene vom ganzen Konvent in die Totenkammer geleitet, wobei wir Psalmen und Lieder singen, die uns zeigen, dass der Tod nicht das letzte Wort ist. In der Totenkammer wird der Tote aufgebahrt. Den ganzen Tag über halten Mitbrüder Totenwache und beten für den Verstorbenen, so dass er nicht allein gelassen ist.

Unmittelbar vor der Beerdigung feiern wir die Eucharistie, den Tod und die Auferstehung Jesu Christi. Es ist ein Totenmahl, das uns zeigt, dass die Grenzen zwischen Himmel und Erde und zwischen Leben und Tod aufgehoben sind und an unserem Mahl auch all die Toten teilhaben, die das ewige Hochzeitsmahl im Himmel feiern. Wir feiern die Verwandlung des Todes in einen Weg zur Auferstehung, zum wahren Leben bei Gott.

Dann tragen wir unter dem Gesang des alten lateinischen Hymnus »In paradisum deducant te angeli – in das Paradies mögen dich die Engel geleiten« den Sarg zum Friedhof. Während der Sarg in das Grab gelassen wird, singen wir entweder den Lobgesang des Zacharias (Lukas 1,68-79) oder das Lied des greisen Simeon: »Nun entlässt du deinen Knecht nach deinem Wort in Frieden.« Dazu wird das Wort aus dem Buch Hiob gesungen: »Ich weiß, dass mein Erlöser lebt. Meine Augen werden ihn schauen.« Es sind trostvolle Gesänge, die alle von der Überwindung des Todes künden und das Tun deuten. Gerade beim Tod eines Menschen werden viele sprachlos, weil sie sich nicht vorstellen können, was mit dem Toten geschieht. Die liturgischen Gebete und Gesänge deuten uns die Beerdigung als ein Zurückgeben des Toten an Gott, der ihn aufnimmt in seine Herrlichkeit. So können die Lebenden von ihm in angemessener Weise Abschied nehmen. Bei der Beerdigung eines Mitbruders, der einen tragischen Tod gestorben war, meinte nachher ein Therapeut aus der Verwandtschaft, der der Kirche sehr ferne stand, er sei fasziniert von den Ritualen der Beerdigung gewesen. Er entdecke in seiner Therapie gerade neu die Heilung durch Rituale. Aber die Kirche habe sie ja schon längst, und dass ihre Rituale eine heilende Wirkung haben, das habe er bei diesem Requiem und bei der Beerdigung erfahren.

Gerade bei einer Beerdigung ist es wichtig, dass die Angehörigen zusammen mit dem Priester diese Feier gestalten. Manche mögen die Beerdigung ganz schlicht und einfach, weil die Riten von alleine sprechen. Andere bringen etwas in die Feier ein, das für den Verstorbenen passend ist. So erzählte mir eine Schwester von der Beerdigung eines jungen Menschen, der an Krebs gestorben war. Der Priester las bei der Ansprache einen Brief des Verstorbenen an seine Familie vor und einen Brief seiner Geschwister. Der junge Mann hatte in einer Blaskapelle mitgespielt. Seine Freunde spielten ihm nun zur Beerdigung die Stücke, die er am liebsten hatte. – Das sind Rituale, die es allen ermöglichen, wirklich Abschied von dem Toten zu nehmen und in diesen Abschied nochmals die ganze Liebe hineinzulegen, die sie ihm gegenüber spüren.

Als ein Achtzehnjähriger tödlich mit dem Auto verunglückt war, luden seine Eltern die Freunde des Sohnes ein, um gemeinsam mit einem befreundeten evangelischen Pfarrer und mir die Beerdigung zu besprechen. Der Vater meinte, sie sei das letzte Fest, das er gemeinsam mit ihnen für seinen Sohn feiern könne. Die Jugendlichen erzählten ihre Erlebnisse mit dem Freund, was ihn bewegt habe, was seine Sehnsucht gewesen sei, und sie brachten sein Lieblingslied mit. Der Vater, die Mutter und der Bruder wollten alle ein Gebet oder ein Lied, das ihnen im Zusammenhang mit dem Sohn und Bruder wichtig geworden war, in die Feier einfließen lassen. So war es ein sehr persönlicher Gottesdienst, ein Fest, das bei aller Trauer und allem Schmerz die Grenzen zwischen Himmel und Erde, zwischen Leben und Tod aufhob und etwas erfahrbar werden ließ von der Gemeinschaft mit den Toten, die uns jede Eucharistie aufs neue zeigt. Die Eltern und der Bruder teilten bei der Kommunion das Blut Christi an die Gottesdienstbesucher aus. Das Blut, das Christus aus Liebe für uns vergossen hat, wurde so auch zum Symbol für die Liebe, die ihr Sohn zu ihnen und die sie ihrem Sohn gegenüber fühlten. Die Kommunion war von der Gewissheit getragen, dass unsere Liebe mit dem Tod des geliebten Menschen nicht aufhört, sondern uns – verwandelt – neu geschenkt wird. Die Kommunion drückt aus, was Gabriel Marcel einmal von der Liebe gesagt hat: »Lieben, das heißt zum andern sagen: Du, du wirst nicht sterben.«

Heilige Zeichen

Die katholische Kirche spricht nicht nur von den sieben Sakramenten, sondern auch von Sakramentalien, die als heilige Zeichen die Sakramente in das konkrete Leben hinein fortsetzen und das gesamte Leben des Menschen heiligen und verwandeln. In ihnen kommt zum Ausdruck, dass die gesamte Schöpfung vom Geist Gottes durchdrungen ist und zum Zeichen seiner gütigen Zuwendung zu uns werden kann. »Sakramentalien sind ein Zeugnis für die Liebe zu allem Geschaffenen; diese äußert sich letztlich in einem Leben aus Dankbarkeit, im Blick für den Wert der Menschen und Dinge, im ehrfürchtigen und freiheitlich-verantwortlichen Umgang mit ihnen.«[40] Solche Sakramentalien sind etwa der Umgang mit dem Weihwasser, die verschiedenen Segnungen, etwa die Segnung eines Hauses, eines Kreuzes oder eines Autos, die Prozessionen und Wallfahrten und die Fußwaschung am Gründonnerstag.

Bei vielen ist heute ein neues Gespür für die heilende und helfende Wirkung solcher Sakramentalien gewachsen. So bitten mich manchmal Ehepaare, ihr neu gebautes Haus zu segnen. Wir gehen dann durch jeden Raum, und ich versuche, beim Besprengen mit Weihwasser jeweils in einem persönlichen Gebet auszudrücken, was die Familie und die Gäste in diesem Zimmer erfahren möchten. Durch die Haussegnung wird deutlich, dass unser gesamter Alltag von Gottes Segen begleitet ist, ob es das Kochen, das Essen, das Arbeiten, das Wohnen oder das Schlafen und Baden ist. Auch Wallfahrten erfreuen sich heute neuer Beliebtheit. Das gemeinsame Wandern – abwechselnd schweigend, betend und im Gespräch miteinander – ist schon eine heilsame Erfahrung. Die Wallfahrten haben ein Ziel, eine Wallfahrtskirche, die sich meistens durch eine Legende auszeichnet. Auch wenn Gott an jedem Ort ist und sich überall den Menschen offenbaren will, zeigen uns Wallfahrtsorte doch, dass Gott dort, wo viele miteinander beten, auf besondere Weise erfahren werden kann.

VII. Die Wirkung christlicher Rituale

Eine Übersicht

Erikson hat sieben Elemente menschlicher Rituale auf-
gezählt. Ich möchte versuchen, nun aus den christlichen Ritualen, die ich in diesem Buch beschrieben habe,
zwölf charakteristische Merkmale herauszufiltern. Diese
zwölf Merkmale zeigen auf der einen Seite, was die
Rituale bewirken können. Auf der andern Seite beschreiben sie die typischen Eigenschaften der Rituale. Dabei
fällt es mir schwer, einfach von christlichen Ritualen zu
sprechen. Denn viele Rituale, von denen ich erzählt habe,
sind nicht typisch christlich, sondern allgemein mensch-
lich. Aber ich habe versucht, die Rituale immer als
Bestandteil eines spirituellen Weges zu zeigen, als
Methoden auf dem inneren Weg, die mir helfen sollen,
mein Leben vor Gott bewusst zu leben und mich von
Gott mehr und mehr verwandeln zu lassen. Und Rituale
sind ein Teil der geistlichen Kunst des gesunden Lebens,
der christlichen Lebenskultur, wie ich sie vor allem in der
Regel des heiligen Benedikt als typisch für die christliche
Spiritualität gefunden habe.

1. Spiel

Rituale sind ein Spiel. Sie sind zweckfrei. Im Spiel spielen wir uns in die Möglichkeiten unseres Menschseins hinein. Wir entdecken im Spiel die Freiheit unseres Lebens. Wir sind nicht nur eingespannt in unsere Pflichten, sondern unser Leben ist ein Geschenk Gottes, das wir spielend erst in seinem ganzen Reichtum entdecken. In früheren Zeiten war es üblich, dass die Menschen die Erfahrungen ihres Lebens in kunstvollen Riten vor ihren Göttern ausgespielt haben. So spielen wir uns in den Ritualen hinein in das Leben, das Gott uns Tag für Tag gewährt, in Dankbarkeit und Freude an unserem erlösten und befreiten Dasein. Im Spiel werfen wir die Fesseln ab, die uns sonst gefangen halten, und wir erahnen etwas von der Freiheit der Kinder Gottes. Vom Spiel der Rituale gilt, was Hugo Rahner einmal über den spielenden Menschen geschrieben hat: »Das Spiel ist ... die zur Geste gewordene Hoffnung auf ein anderes Leben. Spiel ist Verzauberung, Darstellung des ganz Anderen, Vorwegnahme des Kommenden, Leugnung des lastend Tatsächlichen.«[41]

2. Feier

Rituale feiern unser Leben, weil es wert ist, gefeiert zu werden. In der Feier drückt sich die göttliche Würde unseres Lebens aus. Der Autor des 2. Petrusbriefes schreibt an seine Leser: Durch die göttliche Macht »wurden uns die kostbaren und überaus großen Verheißungen geschenkt, damit ihr ... an der göttlichen Natur Anteil erhaltet« (2. Petrus 1,4). Die Freude an dem göttlichen Leben, das in uns ist, verlangt nach der Feier. In den Ritualen feiern wir unser Leben. Feiern heißt, Ja sagen zu seinem Leben. Feier ist absolute Zustimmung zum Dasein. Und im Feiern drückt sich zugleich die Sehnsucht nach absoluter Geborgenheit und Liebe aus. In jedem Ritual steckt die Verheißung der Vollendung, die Verheißung absoluten Glücks. In der Feier des Rituals tauchen wir ein in das eigentliche Geheimnis unseres Lebens und trinken aus der göttlichen Quelle.

3. Kreativität

Rituale zeichnen sich aus durch Phantasie und Kreativität. Ich staune immer wieder, wie kreativ Menschen sind, wenn sie ihr Leben bewusst gestalten und für sich Rituale entdecken, die sie innerlich froh machen. Auch die Riten der Kirche, wie sie in den Sakramenten und in den Festen des Kirchenjahres gefeiert werden, zeugen von der Kreativität menschlicher Phantasie. Aber die Rituale sind nicht nur Ausdruck von Kreativität, sie fördern sie vielmehr auch. Rituale wecken die Energie, die in einem Menschen schlummert. Und sie verleihen seiner Arbeit Kreativität und Fruchtbarkeit. Von Thomas Merton wird erzählt, dass er jeden Tag nur zwei Stunden geistig gearbeitet habe. Aber da war er so fruchtbar, dass zwei Sekretäre nicht nachkamen, seine Gedanken aufzuschreiben. Diese Kreativität war offensichtlich Folge der Ritualisierung seines Tages, wie sie ihm der Trappistenorden anbot.

4. Freiheit

Rituale sind Ausdruck der menschlichen Freiheit, und sie führen zur Erfahrung innerer Freiheit. In den Ritualen drücken wir aus, dass nicht die Termine und nicht die Erwartungen der andern Menschen uns bestimmen, sondern dass wir unser Leben selbst gestalten. Wir leben selber, anstatt von außen gelebt zu werden. Wir sind frei, unser Leben so zu formen, wie wir es gerne möchten. Trotz allen Eingebundenseins in die Gemeinschaft der Familie, des Klosters, der Firma, der Gemeinde haben wir den Freiraum, unserem Leben unsere ganz persönliche Note zu geben. Wer sein Leben in gesunden Ritualen ausdrückt, der erfährt die Freiheit vom äußeren Druck, dem er ausgesetzt ist. Er hat das Gefühl, dass es etwas in seinem Leben gibt, über das andere nicht verfügen können, etwas, das ihm allein gehört, das das Geheimnis seines Lebens ausmacht. Das gibt ihm das Gefühl von Freiheit. Die tiefste Freiheit, die das Ritual uns vermitteln kann, meint jedoch etwas anderes. Im Ritual drücken wir aus, dass wir Gott gehören und nicht den Menschen. Das macht uns im Innersten frei gegenüber ihren Besitzansprüchen an uns.

5. Identität und Lust am Leben

Rituale sind nach Erikson wichtig, um die eigene Identität zu entdecken. Es ist mein eigenes Leben, das ich lebe. Darin drückt sich meine Persönlichkeit aus, mein eigener Gestaltungswille. Wer in den Ritualen seine eigene Identität vor Gott entdeckt, der lebt gerne, der hat »Lust am Leben«. Der heilige Benedikt verheißt denen, die in seine »Schule des Herrn« eintreten, in der er sie in die christliche Lebenskultur aus dem Evangelium einführt, Lust am Leben. Ich habe Lust, meinen Tag in meiner ganz persönlichen Weise zu beginnen. Es macht mir Spaß, ihn so abzuschließen, dass es mein eigener Tag war. Gerade die Abendrituale vermitteln mir das Gefühl, dass ich heute wirklich gelebt habe, während viele von der Ahnung geplagt werden, dass sie nie richtig gelebt haben, sondern immer nur die Erwartungen der andern erfüllt haben.

6. Raum der Stille

Rituale verschaffen mir nicht nur einen Freiraum, in dem ich aufatmen kann, sondern auch einen Raum der Stille, einen Raum, in den der Lärm der Welt nicht vordringen kann. Viele Rituale sind Unterbrechungen des Lebens. Da wird die Arbeit unterbrochen, da wird das eigene Denken und Planen unterbrochen, um Gott eine Chance zu geben, in mein Leben einzutreten. Gerade die Morgen- und Abendrituale bestehen häufig darin, einen Raum des Schweigens zu schaffen, in dem ich mit dem inneren Raum der Stille in Berührung kommen kann, in dem Gott selbst in mir wohnt. Zu diesem inneren Raum haben die Menschen mit ihren Erwartungen und Wünschen keinen Zutritt, da bin ich wirklich frei, da bin ich ganz ich selbst. Da kann ich aufatmen. Da spüre ich, dass es etwas in mir gibt, das unberührt bleibt vom Lärm der Welt, von der Arbeit, von der Verantwortung, die ich für andere habe. Bei allem, was ich tue, gibt mir die Erfahrung dieses inneren Raumes das Gefühl von Weite, Freiheit und von Geborgensein in Gott.

7. Ästhetik

Rituale atmen einen Hauch von Schönheit und Ästhetik. Gerade die religiösen Rituale zeichnen sich aus durch den Sinn für das Schöne. Schönheit ist ein wesentlicher

Aspekt christlicher Liturgie. Sie spiegelt Gottes Herrlichkeit wider. Die Benediktiner haben sich seit jeher um eine ästhetische Gestaltung ihrer Gottesdienste bemüht. Sie haben den Gesang des gregorianischen Chorals gepflegt, sie haben ihre Kirchen kunstvoll ausgestaltet, und sie haben in den vielen Riten ihrer Liturgie die Herrlichkeit Gottes dargestellt, etwa in den Prozessionen, im Weihrauch, der bei keinem feierlichen Gottesdienst fehlen darf und über alles Alltägliche den süßen Geruch des Göttlichen breitet. Rituale geben aber auch dem Miteinander in der Familie oder in einer Firma einen Hauch von Schönheit. Es genügt nicht nur, miteinander zu essen. Es soll auch Stil haben, es soll schön sein. Die Ästhetik, mit der eine Firma eine gemeinsame Feier gestaltet, zeugt von ihrer inneren Lebendigkeit und fördert sie zugleich.

8. Ordnung

Rituale ordnen mein Leben. Sie geben dem Tag, der Woche und dem Jahr eine gesunde Struktur. Sie ordnen jeder Tageszeit die ihr gebührende Qualität zu. Rituale lassen mich die Frische des Morgens und die dankbare Müdigkeit des Abends auf je eigene Weise erfahren. Sie geben mir ein Gespür für die Jahreszeiten. Gerade das Kirchenjahr mit seinen Festen rhythmisiert meine Zeit. Es schenkt mir Zeiten der Entsagung und des Feierns, der Alltäglichkeit und der Besonderheit eines herausragenden Festes. Rituale weisen mich ein in den Rhythmus meines

Lebens. Und nur wenn mein Leben dem inneren Rhythmus meiner Seele und meines Leibes, heute sagen wir dem Biorhythmus, entspricht, lebe ich gesund und angemessen. Rituale stiften Ordnung mitten im Chaos unserer Welt. Sie ordnen meinen Tag und schenken mir genügend Raum für die Arbeit und für das Gebet, für das Alleinsein und für die Gemeinschaft, für das Verzichten und für das Genießen. Die äußere Ordnung der Rituale bringt mich innerlich in Ordnung.

9. Verbindung

Rituale verbinden die Menschen miteinander. Das gilt besonders für die gemeinsamen Rituale einer Familie oder Gemeinschaft. Da wird die innere Verbindung erfahrbar. Das gilt vor allem auch für die Feste des Kirchenjahres, die zu einer gemeinsamen Erfahrung Gottes führen können und die den tiefsten Grund menschlicher Gemeinschaft offenbaren: Gott, der uns gemeinsam beschenkt, erlöst und befreit, Gott, den wir gemeinsam loben als unser aller Vater und Schöpfer.

Aber auch persönliche Rituale schaffen eine Verbindung zu andern Menschen. Rituale stiften Klarheit in den Beziehungen. Wenn der andere weiß, wie und wann ich meinen Tag beginne und beschließe, dann braucht er kein schlechtes Gewissen zu haben, wenn er mich um 21.00 Uhr noch anruft. Der andere weiß, wie er mit mir dran ist. Rituale verbinden aber auch noch auf andere Weise.

Wenn Menschen, die sich lieben und sich nahestehen, zur gleichen Zeit die gleichen Rituale verrichten, dann entsteht eine tiefe innere Gemeinschaft und Gemeinsamkeit. Die verbindende Wirkung der Rituale wird vor allem in den Versöhnungsritualen der Paartherapie und in Trauerritualen deutlich.

10. Heilung

Rituale haben eine heilende Wirkung. Natürlich sind sie kein Zaubermittel, mit dem ich alle Krankheiten zu heilen vermag. Dennoch wirken sie heilend auf Leib und Seele. Lebendige und ohne Zwang gefeierte Rituale sind Garant eines gesunden Lebensstils. Sie sind Ausdruck der Kunst des gesunden Lebens. Sie bewirken eine positive Grundstimmung, das Gefühl von Freiheit, Freude und Lust am Leben. Diese Gefühle sind gesundheitsfördernd, während Unzufriedenheit, Unlust und das Eingezwängtsein in die Tretmühle des Alltags den Menschen krank machen. Rituale wirken vor allem auf depressive Menschen heilend. Sie strukturieren das innere Chaos und heben die Stimmung.

Heilend sind vor allem die Sakramente und die kirchlichen Riten. Die Sakramente sind Berührungssakramente. In ihnen berührt uns die Hand des geschichtlichen Jesus. Genauso wie Jesus die Kranken berührt hat, um sie von ihrem Aussatz, von ihrer Lähmung, ihrer Selbstentwertung, ihrer Selbstbestrafung zu befreien, so berührt er uns, um unsere Wunden zu heilen, um uns aufzurichten und uns unsere göttliche Würde zu vermitteln. Jesus begegnet uns in den Sakramenten und in den Festen der Kirche als der Heiland, als der heilende Arzt für Leib und Seele. Die heilende Wirkung spüren wir natürlich nicht nach jedem Sakramentenempfang oder nach jedem Fest. Aber wer sich Jahr für Jahr auf die Feste des Kirchenjahres und auf die sieben Sakramente einlässt, der darf darauf vertrauen, dass da in der Tiefe seiner Seele etwas heil und ganz wird, dass Gottes Heil zur Heilung für den ganzen Menschen wird.

11. Sinnstiftung

Rituale stiften Sinn. Das gilt sowohl von den persönlichen als auch von den gemeinsamen Ritualen. Die persönlichen Rituale zeigen mir, dass mein Leben wertvoll ist. Wenn das Leben einen unantastbaren und göttlichen Wert hat, dann ist es auch sinnvoll. Rituale sind Zustimmung zum Sein. Sie vermitteln mir das Gefühl, dass es gut ist, dass ich lebe, dass die Welt in ihrem Grunde gut ist. Das Gute ist immer auch sinnvoll. Die Feste des Kirchenjahres, in denen das Göttliche einbricht in unser Leben, decken uns den Sinn unseres Lebens auf. Unser Leben ist sinnvoll, weil es von Gott selbst getragen, bestätigt, beschenkt, befruchtet, befreit und bejaht ist. Ein Fest bedeutet immer Zustimmung zum Leben. Wer seinem Leben zustimmen kann, der erfährt es auch als sinnvoll. Die Sinnlosigkeit, unter der heute so viele leiden, rührt daher, dass man keine Feste mehr feiern kann, an denen der Sinn des Ganzen aufscheint, weil man von Gott berührt wird. Ohne Feste, ohne Rituale wird das Leben banal, »nichts als...« (C.G. Jung), sinnlos. Im Ritual wird deutlich, dass der Sinn unseres Lebens darin besteht, auf je urpersönliche Weise das einzigartige Bild Gottes darzustellen, das er sich von jedem Einzelnen von uns gemacht hat.

12. Priestertum

Die Rituale sind priesterliches Tun. Ein Priester im archetypischen Sinn ist Mittler zwischen Mensch und Gott. Priester ist der, der Gott und Mensch miteinander verbindet, der Irdisches in Göttliches verwandelt, der das Irdische und Menschliche für Gott durchlässig werden lässt. Die Rituale öffnen unser Leben auf Gott hin. Sie sind Einbruchstor für Gottes heilenden und befreienden Geist. Sie machen unser Leben durchlässig für Gott. Gerade die Sakramente bestehen ja darin, dass etwas Irdisches Gott vermittelt. Das Wasser vermittelt Gottes befreienden und belebenden Geist. Das Brot vermittelt Christi sich für uns hingebende Liebe. Und der Wein schenkt unserem Leben einen göttlichen Geschmack.

Was von den Sakramenten gilt, das gilt in irgendeiner Weise auch für alle Rituale. Irdisches wird zum Zeichen und zur Vermittlung für das Göttliche. In den persönlichen Ritualen vollziehen wir das allgemeine Priestertum, das Christus allen Gläubigen geschenkt hat, wie es im 1. Petrusbrief heißt: »Ihr aber seid ein auserwähltes Geschlecht, eine königliche Priesterschaft, ein heiliger Stamm, ein Volk, das sein besonderes Eigentum wurde, damit ihr die großen Taten dessen verkündet, der euch aus der Finsternis in sein wunderbares Licht gerufen hat« (1. Petrus 2,9). In den Ritualen drücken wir aus, dass unser ganzes Leben von Gott berührt ist, dass wir Gottes besonderes Eigentum sind und dass Gott die Dunkelheit unseres Lebens durch das Licht seiner Gnade verwandelt. Die Rituale zeigen, dass in allen Geschehnissen unseres Lebens das wunderbare Licht göttlicher Liebe aufleuchtet. Wie der Priester in den Sakramenten Christus selbst gegenwärtig setzt, so ist es auch Jesus Christus, der in unseren persönlichen und gemeinschaftlichen Ritualen alle Bereiche unseres Lebens berührt, verwandelt und heilt.

Anmerkungen

1 Vgl. Franz Schlederer, Die Gesellschafts-, Kultur und Religionskritik bei Freud, in: Die Psychologie des 20. Jhds. II, Zürich 1976, 1000.
2 Ebd. 1015.
3 Ebd. 1019.
4 Vgl. Sigmund Freud, Gesammelte Schriften VIII, Leipzig 1924, 654ff.
5 C.G. Jung, Gesammelte Werke XVIII/1, Olten 1981, 178.
6 C.G. Jung, Gesammelte Werke VIII, Zürich 1976, 49
7 Ebd. 49.
8 Ebd. 428.
9 Ebd. 53.
10 C.G. Jung Ges. Werke XVIII/1, 296.
11 Ebd. 296.
12 Ebd. 297 und 298.
13 Ebd. 298.
14 C.G. Jung, Gesammelte Werke XI, Zürich 1963, 16.
15 Ebd. 13.
16 Ebd. 47.
17 Ebd. 51.
18 Ebd. 52.
19 C.G. Jung, Briefe II, Olten 1972, 440.
20 Ebd. 440.
21 Erhart Kästner, Die Stundentrommel vom Heiligen Berg Athos, Wiesbaden 1956, 65.
22 Edward C.Adams, Das Werk von Erik H. Erikson, in : Die Psychologie des 20. Jhds. III, Zürich 1977, 341.
23 Ebd. 341.
24 Ebd. 342.
25 Ebd. 342.
26 Peter Schellenbaum, Nimm deine Couch und geh! Heilung mit Spontanritualen, München 1992, 15.
27 Ebd. 62.
28 Ebd. 70.
29 Ebd. 80.
30 Ebd. 86.
31 Ebd. 87.
32 Horst Kämpfer, Mit Symbolen leben, Olten 1980, 94.
33 Gertrud Erni, Die Vaterunser-Chakren-Meditation. Ein heilender Weg mit Symboltänzen, Meditationen und Ritualen, München 1994, 163ff.

34 Matthew Fox, Schöpfungsspiritualität. Heilung und Befreiung für die Erste Welt, Stuttgart 1993, 54f.

35 Gertrud Erni, ebd. 167.

36 Erni, 171.

37 Vgl. Hans Jellouschek, »Warum hast du mir das angetan?« Untreue als Chance, München 1995, 160ff.

38 Hans Jellouschek, Heilsame Rituale in Paarbeziehungen, Münsterschwarzacher Vortragscassetten 1996.

39 Jellouschek, »Warum hast du mir das angetan?« 167.

40 Christian Schütz, Sakramentalien, in LexSpir 1085.

41 Hugo Rahner, Der spielende Mensch, Einsiedeln 1952, 59.

Der Erfolgstitel
von Pierre Stutz

Pierre Stutz
Atempausen für die Seele
144 Seiten | Paperback
ISBN 978-3-451-06585-9

Innehalten mitten in der Alltagshektik und die stärkende Kraft des Atemns erfahren: Ein- und Ausatmen, in Einklang mit dem eigenen Rhythmus leben und ein gesundes Zeitmaß finden. Impulse, die der Seele neue Kraft schenken.

In jeder Buchhandlung

HERDER
Lesen ist Leben

www.herder.de